우리 나라 최초의 여성 지도자

선덕여왕

새시대 큰인물 **24**

우리 나라 최초의 여성 지도자
선덕여왕

개정판 1쇄 | 2006년 2월 15일
개정판 5쇄 | 2013년 7월 25일

글쓴이 | 정지아
그린이 | 이민선
발행인 | 양원석
편집장 | 전혜원
디자인 | 최현숙
마케팅 | 김경만, 곽희은, 우지연, 송기현
제작 | 문태일, 김수진

펴낸곳 | (주)알에이치코리아
주소 | 153-802 서울시 금천구 가산디지털 2로 53, 20층 (한라시그마밸리)
전화 | 02-6443-8870(내용), 02-6443-8838(구입), 02-6443-8962(팩스)
등록 | 2004년 1월 15일 제2-3726호

ISBN 978-89-5986-362-4 74990
    989-89-5986-338-9 (세트)

RHK 는 랜덤하우스코리아의 새 이름입니다.

우리 나라 최초의 여성 지도자

선덕여왕

정지아 글 | 이민선 그림

주니어 RHK

글쓴이의 말

경주에 가 본 적이 있나요? 2천여 년 전 신라가 탄생했던 조그마한 도시이지요. 경주에 가면 남산이나 첨성대, 분황사 같은 곳을 들르게 될 거예요.

그 곳에는 바로 이 글의 주인공인 선덕여왕의 발길과 숨결이 녹아 있답니다. 어쩌면 여러분은 연기가 피어오르는 경주 시내를 굽어보며 선덕여왕이 서 있던 바로 그 자리에 서 있을지도 모릅니다. 여러분이 걷는 그 길로 유신과 춘추가 말을 달리고, 신라 사람들이 분주히 오갔겠지요. 여러분이 서서 돌아다니고, 편의점이나 가게들이 즐비한 그 땅 아래 2천 년의 역사가 잠들어 있답니다.

역사란 그런 것입니다. 옛 사람들의 발자국 위에 내 발자국을 겹치는 것. 내 발 밑에 있는 선덕여왕의, 김유신의, 김춘추의 발자국을 느낄 때 역사는 낡고 지루한 것이 아니라 우리의 피와 살처럼 생생하게 느껴질 것입니다.

선덕여왕은 우리 나라 최초의 여왕입니다. 그녀는 남자들만 왕이 되었던 시대에 자기 의지로 왕이 된 굳센 여자였을 뿐만 아니라 남들이 눈여겨보지 않던 김유신과 김춘추를 발탁하여 훗날 삼국 통일의 주역으로 키워 낸 현명하고 안목 높은 왕이었습니다.

책은 눈으로 읽는 게 아니랍니다. 머리와 마음으로 읽는 것이지요. 우리 나라 최초의 여왕은 어떻게 탄생했을까? 어떻게 나라를 이끌어 가고 어떤 어려움을 겪었을까? 여러분들이 직접 선덕여왕이 된다고 상상해 보세요. 그럼 최초의 여왕이었던 그녀의 슬픔과 아픔과 굳센 의지를 여러분도 느낄 수 있을 거예요.

이제 우리 시간 여행을 떠나 볼까요? 일단 눈을 감으세요. 경주 남산 아래, 기와집들 즐비한 왕궁을 상상해 보세요. 모란꽃이 심어져 있는 화단 옆에 자애롭게 웃고 있는 선덕여왕의 얼굴이 보이나요? 자, 그럼 이제 출발해 볼까요?

정지아

차례

글쓴이의 말 · 4

최초의 여왕을 꿈꾼 여자 · 9
■ 신라의 신분 제도, 골품 제도 · 18

알에서 나온 세 사람 · 21
■ 신라를 세운 사람들은 어디에서 왔을까? · 38

삼국 통일의 대들보 김유신 · 40
■ 신라의 꽃 화랑 제도 · 51

삼국 통일의 또 다른 주역, 김춘추 · 53
■ 예술 작품으로 남은 김유신의 아들, 원술 · 64

작은 나라의 서러움 · 67
■ 국경을 넘은 서동과 선화 공주의 사랑 · 78

나라를 지키는 탑 · 81
■ 선덕여왕이 세 개의 높은 건축물을 잇달아 세운 까닭은? · 91

선덕여왕의 세 가지 예언 · 94
- 참으로 신기한 일 · 104

하늘로 돌아간 별 · 106
- 화백 회의는 좋은 것일까, 나쁜 것일까? · 114

모든 파도를 쉬게 하는 피리 · 116
- 작은 신라가 삼국을 통일한 이유 · 123

열린 주제 · 126
인물 돋보기 · 128
연대표 · 130

첨성대

1
최초의 여왕을 꿈꾼 여자

신라 26대 왕 진평왕은 어느 날 세 딸과 함께 당나라 임금이 보낸 하사품을 구경하고 있었습니다. 신하가 보자기를 풀자 붉은 빛, 자줏빛, 흰 빛의 모란꽃 그림과 꽃씨서 되가 들어 있었습니다. 그림을 유심히 살피던 둘째 공주 덕만이 말했습니다.

"이 꽃은 향기가 없군요."

사람들은 고개를 갸웃거리며 덕만의 말을 믿지 않는 눈치였습니다. 그도 그럴 것이 그림 속 꽃은 너무나 화려하고 풍성하여, 향기가 코 끝에 느껴지는 듯했거든요. 덕만은 빙그레 웃으며 이렇게 덧붙였습니다.

"이 꽃씨를 심어 보면 알게 되겠지요."

사람들은 씨를 궁궐 화단에 심었습니다. 그 해 초여름 색색의 모란꽃이 그림처럼 아름답게 피어났습니다. 모란꽃이 화단 가득 풍성하게 피었지만, 향기는 조금도 나지 않았습니다. 그제야 사람들은 덕만 공주의 선견지명에 혀를 내둘렀습니다.

의아하게 생각한 진평왕이 덕만에게 물었습니다.

"너는 이 꽃에 향기가 없다는 것을 어찌 알았느냐?"

"별것 아닙니다. 그림을 가만 보니 꽃은 있는데 벌과 나비가 없었사옵니다. 벌과 나비가 찾지 않는 꽃이라면, 향기가 없을 것이라 짐작했을 뿐이지요."

덕만이 총명하다는 것을 알고는 있었지만, 모란꽃 사건을 계기로 진평왕은 덕만을 더욱 사랑하게 되었습니다.

삼국 중에서 가장 뒤늦게 출발한 신라는 24대 진흥왕 때부터 고구려, 백제와 힘을 겨룰 만큼 강성해졌습니다. 때문에 연일 전쟁이 끊이지 않았지요. 평생 전쟁에 시달리던 진평왕은, 누구보다 강하고 똑똑한 사람에게 왕위를 물려주고 싶었습니다. 그런데 진평왕에게는 아들이 없었습니다. 예전에 신라의 왕은 박, 석, 김, 이 세 성씨 중에서 탄

생했습니다. 그러나 법흥왕 시절부터는 오직 김씨 성골만이 왕이 될 수 있었습니다. 그런데 왕위를 물려줄 성골 신분의 남자가 단 한 명도 없었던 거지요. 이럴 경우 공주의 남편들이 왕이 되는 게 순리였습니다. 관습을 따른다면 첫째인 천명 공주의 남편이 왕이 되어야 하는 것이지요.

누구보다 세 딸을 사랑했던 진평왕은 딸들에게 왕위를 물려줄 생각도 했습니다. 하지만 그 때까지 신라는 물론이고 고구려나 백제, 중국에서도 여자가 왕이 된 일은 없었습니다. 여자를 왕으로 내세울 경우 귀족들의 반발이 심할 것은 물론이요, 전란에 시달리는 신라를 제대로 이끌어 나갈 수 있을지 진평왕은 좀처럼 자신이 서지 않았습니다.

그 무렵 첫째 딸 천명 공주의 남편인 김용춘이 화랑의 최고 지도자인 풍월주가 되었습니다. 용춘의 아버지는 25대 진지왕이었는데 나랏일을 제대로 돌보지 않아 폐위되었습니다. 신라 사회에서 폐위된 왕의 가족은 제대로 대접받지 못했지요. 진지왕에게는 아들 용춘과 용수 형제가 있었는데, 진평왕은 작은 아버지의 두 아들을 불쌍히 여겨 친자식처럼 키웠지요. 진평왕을 아버지처럼 따르던 용춘은 자라면서 점점 두각을 나타내기 시작했어요.

용춘은 풍월주가 되어 화랑의 인재 등용에 있어 획기적인 변화를 시도했습니다. 골품에 상관없이 인재를 뽑았던 것입니다. 당시 화랑들은 일반 관직과 마찬가지로, 골품에 따라 오를 수 있는 직위가 정해져 있었습니다. 그가 나라의 근간이라고 할 만한 골품 제도를 무시하고 실력과 공을 위주로 인재를 뽑자 사방에서 비난이 쏟아졌습니다. 그러나 용춘은 꿈쩍도 하지 않았지요.

"공이 있는 자, 능력 있는 자에게 벼슬을 주는 것은 당연한 일이오."

진평왕은 귀족들의 반발에도 불구하고, 소신 있게 자신의 뜻을 펼쳐 나가는 용춘을 보고 아주 흡족해 하였습니다. 그러면서 마음 속으로 용춘에게 왕위를 물려줄 결심을 하였지요. 어지러운 신라를 이끌어 갈 임금으로 용춘이 적격이라고 생각한 거예요. 또 용춘은 큰딸 천명의 남편이기도 했으니, 폐위된 왕의 자식이라는 약점은 큰 걸림돌이 되지 않을 거라 생각했어요.

그런데 반대는 엉뚱한 곳에서 터져 나왔습니다.

"아버님, 언니가 즉위한다면 저는 깨끗이 포기하겠습니다. 그러나 용춘에게 왕위를 양보할 수는 없습니다. 용춘을 제 신하로 삼아 주십시오."

둘째 딸 덕만의 느닷없는 제의에 진평왕은 잠시 어리둥절하였습니다.

사실 아버지가 왕위 계승자로 용춘을 점찍고 있다는 걸 눈치 챈 덕만은, 오랫동안 고민을 거듭했습니다. 나랏일에 관심이 많았던 덕만은 용춘이 훌륭한 인재임을 잘 알고 있었어요. 하지만 성골임에도 여자라는 이유로 왕위에 오르지 못한다는 건 매우 불공평하게 생각되었어요. 물론 공주를 후계자로 세울 경우 귀족들의 반발이 심하리라는 것은 알고 있었어요. 그러나 덕만은 이대로 포기할 수는 없었어요. 그래서 담판을 지을 요량으로 진평왕을 찾아간 거예요.

잠시 후 진평왕이 호탕한 웃음을 터뜨리며 말했어요.

"하하하. 용춘을 신하로 달라? 참으로 당돌하구나. 네가 남자로 태어났더라면 얼마나 좋았겠느냐. 하지만 여자라고 해도 이만한 배짱이라면 능히 이 나라를 맡길 수 있을 것 같구나. 알겠다. 후계자 문제를 다시 생각해 보마."

덕만을 몹시 아꼈던 진평왕은 내심 흐뭇하였습니다. 비록 여자이지만 덕만이라면 어떤 어려움도 헤쳐 나갈 수 있

을 거라는 확신이 비로소 생겼습니다.

진평왕이 마음을 굳히고 덕만에게 왕위를 물려주겠다고 하자, 귀족들은 당연히 반대하고 나섰습니다. 그러나 진평왕의 뜻을 꺾을 수는 없었습니다.

신라는 남성 중심의 사회였지만, 여성의 위치가 남성에 비해 크게 뒤지는 것은 아니었습니다. 딸들도 아들과 똑같이 재산을 상속 받았고, 여자들도 자유롭게 재혼할 수 있었습니다. 남자들처럼 말을 타는 활달한 여자들도 많았지요. 하지만 여자가 관직에 나가는 경우는 없었습니다. 여자가 왕이 된다는 것은 더더욱 어려웠지요. 그러나 진평왕의 뜻이 워낙 강경한데다 덕만의 영리함과 덕이 널리 알려진 덕분에 차츰 많은 대신들이 왕의 뜻을 받아들였습니다.

그러나 칠숙과 석품처럼 불만을 품은 자들도 있었어요.

"왕이라고 해서 화백 회의를 통하지도 않고 마음대로 나랏일을 결정하다니 어디 될 말인가? 고구려, 백제, 일본까지 신라를 넘보지 못해 안달인데 여왕을 세웠다가는 웃음거리가 될 것이 뻔하오. 안 되겠소. 왕을 갈아 치웁시다."

칠숙과 석품은 몰래 군사를 대기시켰습니다. 그러나 군사들의 움직임이 발각된데다 함께 모반을 모의한 사람 중에서 왕에게 밀고한 자가 생겼습니다.

왕은 대노해서 소리쳤습니다.

"칠숙과 석품을 잡아 그 자리에서 당장 목을 베고 구족을 없애라!"

왕은 덕만 공주를 반대하면 어떻게 되는지 그 본보기를 보여 줄 생각이었어요. 그래야만 덕만의 앞날이 순탄할 테니까요. 칠숙과 석품은 모두 붙잡혀 부계, 모계, 처족을 합해 구족이 모두 사형에 처해졌습니다. 그 날 이후 아무도 덕만의 왕위 계승에 대해 더 이상 불만을 말하지 못했습니다.

그러나 대신들의 모반에 충격을 받은 진평왕은 몸져눕고 말았습니다. 그리고 다시는 일어나지 못했습니다. 왕은 눈을 감기 전 덕만을 불렀습니다. 아버지를 간호하느라 며칠 사이 눈에 띄게 수척해진 덕만의 뺨으로 쉴 새 없이 눈물이 흘러내렸습니다. 자기 때문에 일어난 반란으로 아버지가 죽게 되었으니 덕만의 슬픔이야 이루 말할 수 없었지요. 진평왕은 딸의 손을 힘주어 잡았습니다.

"덕만아. 여자라고 움츠러들지 말아라. 너는 남자보다 영리하고 담대하다. 너에게 조상 대대로 일구어 온 이 나라를 맡기니, 전란이 끊이지 않는 이 땅에 부디 부처님의 덕이 넘치도록 해 다오."

딸의 손을 쥐고 있던 왕의 손에서 스르르 힘이 빠져 나갔습니다. 덕만은 흐르는 눈물을 훔치며 자리에서 일어났습니다. 이제 그녀 앞에는 전혀 다른 미래가 기다리고 있었습니다. 공주의 신분으로 있을 때와 달리, 그 미래는 편하지만은 않을 것입니다. 하지만 그녀는 당당히 부딪쳐 보리라 다짐했습니다. 그것이 세상의 반대를 무릅쓰고 딸에게 왕위를 넘겨 준 아버지에 대한 마지막 효도일 테니까요.

632년 정월, 덕만은 왕위에 올랐습니다. 이분이 우리나라 역사상 최초의 여성 지도자 선덕여왕입니다.

신라의 신분 제도, 골품 제도

신라에는 골품 제도라는 게 있었습니다. 인도의 카스트와 같은 신분 제도였지요. 신라인들은 신분에 따라 성골과 진골, 귀족과 평민, 노예로 구분되었습니다. 귀족들은 다시 일두품에서 육두품까지 나뉘었는데, 이 또한 신분에 따라 올라갈 수 있는 벼슬에 한계가 있었습니다.

귀족 윗단계의 성골과 진골은 왕족입니다. 성골에 대한 의견은 학자마다 조금씩 다르지만 대개 왕과 그 아들딸, 또 왕의 아버지 대의 형

제까지를 성골로 보고 있습니다. 왕의 아들이 왕이 되면, 원래 성골이었던 전왕의 형제들은 진골이 되었습니다. 성골을 엄격히 제한함으로써 왕의 권위를 더욱 높이려 했던 것이죠.

신라에서는 신분에 따라 사는 곳도 달랐습니다. 성골들은 일반 백성들과 어울려 살지 않고 '왕궁'에서 따로 살았습니다. 진골은 왕궁을 둘러싸고 있는 도시인 '왕도'에 머물렀으며, 육두품은 부의 중심에, 오두품은 리의 중심에, 사두품은 마을의 중심에 살았다고 합니다.

신라인들은 골품에 따라 오를 수 있는 관직이 정해져 있을 뿐만 아니라 결혼도 비슷한 신분끼리만 했습니다. 성골은 성골끼리, 진골은 진골끼리만 결혼했습니다. 그러다 보니 나중에는 성골 남자가 한 명도 없게 되어 용춘처럼 진골이면서도 성골인 천명과 결혼하는 일이 생겼지요.

신라는 골품 제도에 의해 유지되는 엄격한 계급 사회였지만 다른 신분끼리 접촉할 수 없는 것은 아니었습니다. 신라의 유명한 화랑 제도는 다양한 신분의 젊은이들이 속한 조직으로 역시 신분에 따라 오를 수 있는 지위에 한계가 있었지만, 윗사람이 아랫사람을 자식이나 형제처럼 보살핌으로써 신분에 의한 갈등을 줄일 수 있었다고 합니다.

2
알에서 나온 세 사람

고구려의 시조는 주몽이고, 백제의 시조는 온조입니다. 고구려와 백제는 주몽과 온조의 후손들이, 그러니까 한 성씨가 계속해서 왕위를 차지했습니다. 그러나 신라는 조금 달랐습니다. 신라는 지금의 경주에 위치한 사로 6촌이라는 작은 마을에서 탄생했습니다. 사로 6촌에는 우두머리인 촌장이 있었지요. 하지만 신라의 왕을 배출한 것은 사로 6촌이 아니었습니다. 사로 6촌을 중심으로 외부에서 이주해 온 사람들이 번갈아 왕이 되었기 때문에, 신라의 왕은 고구려나 백제처럼 한 성씨에서 배출되지 않았던 것이지요. 그럼, 어떤 사람들이 신라의 왕이 되었을까요?

지금으로부터 이천 년도 더 된 까마득한 옛날, 진한(경상북도 경주 부근) 땅에 여섯 마을이 있었습니다. 어느 해 3월, 여섯 마을의 촌장들이 알천이라는 곳의 언덕에 모여 의논을 했습니다.

"우리들은 아직 임금이 없어 백성들을 다스리는 데 어려움이 많소. 그러니 덕 있는 사람을 찾아 임금을 삼고 나라를 세워 도읍을 정해야 하지 않겠소?"

그 때였습니다. 언덕 아래에서 이상한 기운이 번개처럼 땅에 드리워졌습니다. 그 곁에는 날개 달린 눈부시게 흰 말 한 마리가 꿇어앉아 절을 하고 있었고요. 이상하게 생각한 여섯 촌장들이 그 곳으로 달려가니, 자줏빛의 커다란

알이 하나 있었습니다. 사람들이 도착하자 흰 말은 길게 소리쳐 울고는 날개를 퍼덕이며 하늘로 날아갔습니다.

　말이 지키고 있던 알을 깨어 보니, 생김새가 단정하고 아름다운 사내아이가 나왔습니다. 촌장들은 그 아이를 동천에 데리고 가서 깨끗하게 목욕시켰습니다. 그러자 아이 몸에서 빛이 나고, 새와 짐승들이 날아와 춤을 추었으며, 해와 달의 빛이 더욱 밝아졌습니다. 촌장들은 아이에게 '혁거세'라는 이름을 붙여 주었습니다. 혁거세는 세상을 밝게 다스린다는 뜻입니다.

　사람들은 앞 다투어 혁거세를 반기면서 말했습니다.

　"이제 천자가 하늘에서 내려왔으니 당연히 덕이 있는 왕후를 찾아 배필을 삼아야 할 것입니다."

　혁거세가 발견된 바로 그 날, 알영이라는 우물에 용이 나타나 왼쪽 옆구리로 여자아이를 하나 낳았습니다. 여자아이의 얼굴은 매우 고왔는데, 입에 닭의 부리 같은 게 달려 있었어요. 사람들이 월성의 북천에 가서 아이를 목욕시키자 부리가 떨어졌습니다.

　사람들은 서라벌 남산 서쪽 기슭에 궁궐을 짓고 성스러운 두 사람을 모셨습니다. 혁거세가 나온 알의 모습이 마치

박과 같다고 해서 성을 '박'으로 하였고, 여자아이는 용이 나타난 우물의 이름을 따서 '알영'이라고 불렀습니다.

기원전 57년 두 아이의 나이가 열세 살이 되자, 여섯 마을 사람들은 사내아이를 왕으로 추대하고 알영을 왕후로 삼았습니다. 혁거세에게는 '거서간'이라는 칭호가 붙었는데, 거서간은 왕이나 귀인을 가리키는 진한의 말이랍니다.

혁거세는 궁궐이 지어진 곳의 지명을 따 나라 이름을 서라벌, 또는 사로라고 했습니다. 이 사로국이 바로 삼국을 통일한 신라의 시작이었습니다. 신라라는 이름을 정식으로 사용한 때는 지증왕 4년인 503년부터입니다.

사로국은 원래 진한 12국 중의 하나였습니다. 당시 진한 12국과 변한 12국은 마한의 지배를 받고 있었습니다. 마한 왕이 임명한 마한 사람이 진한 12국의 왕 노릇을 하고 있었는데, 혁거세가 왕위에 오르자 마한 왕은 크게 분노했습니다. 게다가 혁거세는 왕위에 오른 후 변한 소국들을 정복하여 한반도 동남쪽을 장악했습니다. 그간 마한에 바치던 조공(약한 나라가 주인으로 섬기는 나라에 바치는 예물)도 중단하였고, 차츰 세력을 확대하여 북방으로 낙랑과 국경을 맞댈 정도가 되었지요.

이렇듯 사로국의 힘이 급속히 성장하면서 마한과 힘을 견줄 정도가 되었습니다.

혁거세왕 38년 사로국은 호공이라는 사람을 마한에 사신으로 보냈는데, 마한 왕은 불편한 마음을 드러내며 호공을 크게 꾸짖었습니다.

"진한과 변한은 우리의 지배를 받는 나라인데, 요 몇 해 동안 공물을 보내 오지 않는다. 대국을 섬기는 예절이 어찌 그러한가?"

그러자 호공은 전혀 주눅들지 않고 태연하게 대꾸했습니다.

"우리 나라에 두 성인(혁거세와 알영)이 출현하면서 사회가 안정되고, 하늘도 축복을 내려 창고가 가득 찼습니다. 그리하여 진한은 물론 변한, 낙랑, 왜에 이르기까지 우리를 두려워하지 않는 나라가 없습니다. 그럼에도 불구하고 우리 임금이 겸손하여 귀국을 방문하라고 저를 보내셨으니 이는 오히려 지나친 예절이라고 할 수 있을 것입니다. 그런데 대왕께서 크게 성을 내고 힘으로 위협하시니, 이는 무슨 까닭입니까?"

호공이 당당하게 맞서자, 잔뜩 화가 난 마한 왕은 호공을 죽이려 하였습니다. 그러나 뒷일을 걱정한 신하들이 만류하는 바람에 호공은 무사히 사로국으로 돌아올 수 있었습니다.

박혁거세는 61년 동안 나라를 다스리고 하늘로 올라갔는데, 혁거세가 죽은 지 이레 후에 유해가 땅에 흩어져 떨어졌습니다. 그리고 왕후도 왕을 따라 세상을 떠났습니다. 백성들이 이들을 합장하려 하자 큰 뱀이 나타나 방해를 했습니다. 하는 수 없이 흩어져 놓인 유해 그대로 각기 장사지내 다섯 개의 무덤을 만들고, 뱀이 지켰다고 해서 '사릉'이라 하였습니다.

혁거세가 죽은 뒤 그의 아들이 백성들의 추대로 제2대 왕인 남해왕이 되었습니다. 남해왕 시절의 어느 날, 가락국 앞 바다에 배 한 척이 닿았습니다. 가락국의 수로왕이 백성들과 함께 북을 치며 배를 맞으려고 하자 배가 급히 달아나 버렸습니다. 바다를 떠돌던 배는 사로국의 아진포에 이르렀습니다. 이 바닷가에 아진의선이라는 노파가 살고 있있는데, 그녀는 혁기세왕의 뱃사공을 지낸 이의 어미였습니다. 노파가 바다를 보고 말했습니다.

"이 바다에 까치들이 모여들 바위가 없는데 어찌 해서

까치가 모여서 울고 있지?"

노파는 배를 타고 까치가 모여 있는 곳으로 가 보았습니다. 그 곳은 바위가 아니라 한 척의 배였습니다. 배 안에는 여러 사람이 들어갈 수 있을 만큼 큰 궤짝이 있었습니다. 노파는 배를 끌고 와 숲에 감추어 두고 하늘에 기도한 후 궤를 열어 보았습니다. 궤 속에는 잘 생긴 사내아이와 일곱 가지 보물과 노비들이 있었는데, 칠일 동안 잘 대접하였더니 사내아이가 비로소 입을 열었습니다.

"나는 본시 용성국(일본 동북쪽에 있는 나라) 사람으로, 아버지는 용성국의 왕 함달파입니다. 아버지께서 적녀국의 왕녀를 왕비로 삼았는데 오래도록 아들이 없다가 기도를 올린 후 칠 년 만에 커다란 알을 한 개 낳았습니다. 사람이 알을 낳은 게 꺼림칙했던 대왕께서 궤 속에 나를 넣고 보물과 노비를 함께 실은 후, 인연이 있는 곳에 닿아 나라를 세우고 가문을 세우라며 바다로 띄워 보냈습니다. 그러자 문득 붉은 용 한 마리가 나타나 배를 호위하여 여기까지 오게 된 것입니다."

말을 마친 아이는 두 노비를 데리고 토함산으로 올라갔습니다. 그 곳에 돌집을 짓고 칠일 동안 머물면서 성 안에 살 만한 곳이 있는지 살펴보았지요. 마침 초승달 모양의 봉우리 밑에 있는 집이 눈에 띄었는데, 가서 보니 혁거세왕의 사신으로 마한에 다녀온 호공의 집이었습니다.

아이는 꾀를 써서 몰래 숫돌과 숯을 그 집 곁에 묻어 두고 다음날 아침 그 집으로 찾아갔습니다.

"이 집은 조상 대대로 살아 온 우리 집이오."

호공은 원래 왜(일본)에서 망명한 사람이었습니다. 호공과 아이는 서로 자기 집이라고 다투다가 관가로 갔습니다. 관리가 아이에게 물었습니다.

"그 집이 네 집이라는 것을 어떻게 증명하겠느냐?"

"우리 선조는 대장장이였습니다. 잠시 이웃 고을에 나가 있는 사이 다른 사람이 들어와 살고 있는 것이니, 땅을 파서 조사해 보면 대장간 터였는지 알 수 있을 것입니다."

땅을 파 보았더니 과연 아이 말대로 숫돌과 숯이 나왔습니다. 그래서 아이는 호공의 집에서 살게 되었지요. 까치가 배를 보호하고 있었기 때문에 까치 작(鵲)에서 새 조(鳥)를 떼고 '석(昔)'을 아이의 성으로 삼았습니다. 그리고 알을 깨고 나온 아이라는 뜻에서 '탈해'라고 불렀습니다.

남해왕은 탈해가 지혜로운 사람인 것을 알고 자신의 큰딸과 결혼시켰습니다. 그리고 대보라는 벼슬을 주어 군사와 정치에 관한 일을 맡겼지요. 남해왕 시절에는 낙랑이 쳐들어오고 흉년이 드는 등 어려움이 많았습니다. 그 때마다 남해왕은 탈해의 도움을 받아 슬기롭게 위기를 극복했지요.

서기 24년 남해왕은 자신의 아들인 유리와 탈해 중에서 나이가 많은 사람이 왕위를 이으라는 유언을 남기고 죽었습니다. 유리는 탈해가 더 능력이 뛰어나다며 탈해에게 왕위를 양보하려고 했습니다.

그러나 탈해는 지혜로운 사람은 이가 많으니 떡을 깨물

어 이의 수를 헤아려서 왕으로 삼자고 하였습니다. 그 결과 유리의 이가 더 많았습니다. 그 후로 '이 자국'이라는 뜻의 '이사금'을 왕호로 하였다고 합니다.

유리왕은 겸손하고 분수를 알며 덕이 있는 사람이었습니다. 재위 5년 11월에 온 나라를 돌던 유리왕은 굶주림과 추위로 죽어 가는 노파를 발견하고 탄식했습니다.

"노인을 이토록 굶주리게 했으니 나의 죄가 크도다."

유리왕은 눈물을 글썽이며 자신의 옷을 벗어 노파에게 덮어 주고 밥을 주었습니다. 그리고 즉시 관리에게 명하여 홀아비, 과부, 고아, 자식 없는 노인 들을 위문하고, 늙고 병들어 혼자 살 수 없는 사람들에게 식량을 나눠 주라고 했습니다. 이 소식을 듣고 이웃 나라 백성들까지 사로국으로 몰려왔다고 합니다. 유리왕은 백성들의 생활이 즐겁고 평안하게 되었다는 말을 듣고 노래를 지었는데, 이것이 우리 나라 최초의 노래인 '도솔가'입니다.

유리왕 9년에는 여섯 마을 사람들에게 각기 이씨, 최씨, 손씨, 정씨, 배씨, 설씨 성을 내리고 중앙 집권적인 기틀을 잡았습니다. 이 여섯 마을 사람들은 뒤에 신라의 귀족이 되었습니다.

오늘날 우리가 지내는 추석은 유리왕 시절의 '가배'라는 행사에서 비롯되었습니다.

유리왕은 여섯 마을을 두 편으로 나눠서 7월 16일부터 8월 15일까지 여자들에게 길쌈 시합을 하도록 했습니다. 그 결과 길쌈을 적게 한 편에서 술과 음식을 차려 이긴 편을 대접하였는데, 여섯 마을 사람들은 춤을 추고 노래를 부르며 함께 즐겼습니다. 이 행사를 '가배'라고 하는데, '중추', '가위', '추석'이라고도 부르지요.

한편 유리왕은 관직을 재편하여 17등급으로 나누었는데, 이 때 확립된 관등제가 신라 말까지 이어집니다. 17등급은 신분에 따라 오를 수 있는 상한선이 결정되어 있었는데, 이것이 법흥왕 대에 이르면 골품 제도로 정착됩니다.

서기 57년, 유리왕은 죽으면서 다음과 같은 유언을 남겼습니다.

"탈해는 지위가 재상에 이르렀고 여러 번 공을 세웠다. 나의 두 아들은 재능이 그에 미치지 못하니, 내가 죽은 뒤에는 탈해를 왕으로 삼도록 하라."

탈해는 환갑을 넘긴 62세의 나이로 신라 제4대 왕이 되었습니다. 그 무렵 백제가 마한 지역의 강자로 부상하여,

탈해왕은 즉위 기간 내내 백제와 싸웠고 왜, 가야와도 싸웠습니다. 잦은 전쟁에도 탈해왕은 중앙 집권화를 강력하게 추진하여 전국을 주와 군으로 구분하고, 왕족인 박씨를 주주와 군주로 삼아 파견하였습니다.

탈해왕 9년의 일입니다. 어느 날 밤 왕은 금성 서쪽 시림 숲에서 닭 우는 소리를 들었습니다. 다음날 아침, 왕은 호공을 보내 사정을 알아보도록 했습니다. 호공이 시림 숲으로 달려갔더니 한 나뭇가지에 금빛 나는 작은 상자가 걸려 있고, 흰 닭이 그 밑에서 울고 있었습니다. 호공이 곧 이를 알리니, 왕은 사람을 보내 상자를 가져와 열게 했습니다. 상자 속에는 사내아이가 들어 있었습니다.

"이 아이는 하늘이 나에게 준 아들이 아니겠는가?"

왕은 매우 기뻐하여 그 아이를 거두어 길렀습니다. 아이는 자라면서 총명하고 지략이 뛰어났습니다. 아이의 이름은 '알지'라고 했는데, 알지는 우리말로 아이라는 뜻입니다. 금빛 나는 상자에서 나왔기 때문에 성은 '김(金)'이라 했고, 닭이 울었던 시림 숲은 닭 계(鷄)자를 써서 '계림'이라 고쳐 불렀습니다.

한 성씨에서 왕을 배출한 백제나 고구려와 달리 신라는

박씨, 석씨, 김씨, 이 세 성씨에 의해 왕조가 유지되었습니다. 신라 왕은 총 56명인데, 그 중 박씨가 10명, 석씨가 8명, 김씨가 38명입니다. 왕이 아니었던 김알지가 중요한 이유는 바로 이 때문이지요. 김알지는 신라에서 가장 많은 왕을 배출한 김씨의 시조인 것입니다.

   신라 초기에는 박씨들이 주로 왕위에 올랐고, 9대 벌휴왕 때부터 탈해의 후손인 석씨들이 왕위에 올랐습니다. 어느 한 성씨가 왕위를 독점한 것이 아니었지요. 이 무렵 왕이 된다는 것은 박, 석, 김, 이 세 성씨의 권력 관계에 달려 있었습니다. 예를 들어 제6대 파사왕은 박씨였지만 김씨와 석씨의 추대로 왕이 되었지요. 파사왕의 아내는 김씨였고, 7대 지마왕의 아내 역시 김씨였습니다. 세 성씨는 왕권을 놓고 치열한 권력 다툼을 벌였던 것입니다. 초창기 박씨에 의해 거의 독점되었던 왕위는 9대 벌휴왕을 시작으로 석씨에게 넘어갔습니다. 그리고 17대 내물왕부터 김씨의 시대가 열립니다.

이 때부터 왕들은 '마립간'이라고 불렸습니다(마립간이라는 칭호가 등장한 것은 내물왕 때이지만 정식으로 이 명칭을 사용한 것은 19대 눌지왕 때부터라는 주장도 있습니다). 마립은 꼭대기, 정상을 의미합니다. '이 자국이 많은 자'라는 뜻의 이사금과 비교해 '마립간'이라는 칭호는 좀더 강하다는 것을 알 수 있습니다. 왕의 권력이 그만큼 강해졌다는 뜻이지요. '왕'이라는 칭호가 처음 등장한 때는 22대 지증왕 때이고, 이 때 국호도 '신라'로 통일되있습니다.

김씨가 왕위를 독점하면서 신라의 왕권도 강해지기 시작했습니다. 법령을 선포하고 제도를 정비하여 어엿한 국가의 틀을 갖춘 신라는 중압 집권화에 박차를 가합니다. 세 성씨의 권력 관계 속에서 왕이 배출되던 예전과 달리 김씨 왕이 이어진 것도 이 무렵부터입니다.

왕권 강화는 또한 신분제인 골품 제도를 낳았고, 가장 높은 신분인 성골만이 신성한 왕의 자리를 물려받을 수 있게 되었지요. 이로써 김씨 성골만이 왕위를 잇는 신라만의 독특한 전통이 생겨난 것입니다.

신라를 세운 사람들은 어디에서 왔을까?

신라는 사로국에서 출발했습니다. 사로국은 현재 경주시 정도의 크기였답니다. 땅이 별로 넓지 않은 우리 나라, 그 중에서도 경상북도 시 하나 정도의 크기였던 거지요. 사로국을 세웠던 여섯 마을은 요즘의 '면' 정도 크기였으며, 각 마을의 인구는 이천 명 남짓이었을 거라고 추측합니다.

이들이 어디에서 온 사람들인지는 아직도 분명하게 밝혀져 있지 않습니다. 중국에 진나라가 세워질 때 진에게 나라를 빼앗긴 변방 민족들이 남으로 내려왔을 것이라는 사람도 있고, 고조선의 유민들이 산골에 나뉘어 살면서 진한의 여섯 마을을 세웠고 이것이 신라가 되었다는 사람도 있습니다. 신라의 뼈대를 이룬 여섯 마을의 기원은 최근의 조사 결과에 따르면, 기원전 12세기까지 거슬러 올라갑니다. 이 조사 결과가 옳다면 신라는 천 년의 왕국이 아닌, 이천 년이 넘는 역사를 가지게 되는 셈입니다. 이렇게 오랜 역사를 가진 나라는 세계에서도 그 유례를 찾기가 어렵습니다.

혁거세가 알로 발견된 우물 나정

3
삼국 통일의 대들보 김유신

신라는 고구려와 백제, 가야, 바다 건너로는 왜와 맞닿아 있던 까닭에 늘 외적의 침입이 끊이지 않았습니다. 때로는 백제와 화친을 맺어 고구려에 맞서고, 때로는 고구려와 화친을 맺어 백제에 맞서는 식으로, 신라는 각 나라와의 관계를 이용해 가며 조금씩 성장했습니다.

신라가 비약적인 발전을 이룬 것은 24대 진흥왕 때입니다. 23대 법흥왕 시절부터 영토를 확장하기 시작한 신라는 진흥왕 대에 이르러 소백산맥을 넘어 함경북도 마운령에까지 세력이 뻗쳤습니다. 한반도의 절반 이상을 장악하게 된 것이지요.

진흥왕은 뛰어난 임금이었지만 한 가지 흠이 있었습니다. 여자를 너무 좋아한다는 것이었지요. 그래서 진흥왕이 죽고 난 뒤 여자들로 인해 왕실이 여간 시끄럽지 않았습니다. 진흥왕의 뒤를 이은 진지왕은 나랏일을 뒤로 한 채 왕실을 장악한 여자들 틈에서 헤어나지 못하여 결국 왕위에서 쫓겨나고 맙니다.

이런 상황에서 진평왕은 고작 열세 살의 어린 나이에 왕위에 올랐습니다. 여전히 여자들이 권력을 휘두르고 있었지만 진평왕은 할아버지 진흥왕을 닮은 용맹한 왕으로 성장했습니다.

왕이 된 후 진평왕은 하루가 멀다 하고 전쟁을 해야 했습니다. 고구려, 백제, 신라가 각기 성장해 가면서 한반도를 놓고 치열한 세력 다툼을 벌였기 때문입니다.

진평왕 시절, 만노군을 다스리던 태수 김서현은 어느 날 밤 이상한 꿈을 꾸었습니다. 무수한 별들이 반짝이는 하늘을 보고 있던 김서현은 유난히 밝게 빛나는 화성에 시선이 멈추었습니다. 옛날 사람들은 화성이 큰 재앙이나 싸움을 미리 알려주는 별이라고 생각했는데, 그 화성이 밝게 빛나면서 점점 커지는 게 아니겠어요? 그러더니 갑자기 빠른 속도로 땅을 향해 내려와 김서현의 품 속으로 뚝 떨어졌습니다.

꿈에서 깨어난 김서현은 좋은 꿈인지 나쁜 꿈인지 몰라 고개를 갸웃거렸습니다.

"무슨 이상한 꿈이라도 꾸셨나요?"

진흥왕의 동생 숙흘종의 딸로 김서현의 아내가 된 만명 부인이 남편에게 물었습니다.

"꿈에 커다란 별이 내 품으로 떨어지지 않았겠소."

만명 부인은 깜짝 놀랐습니다. 그녀 역시 비슷한 꿈을 꾸었던 것입니다.

"어쩜 제 꿈과 그리 비슷할까요? 저도 밤에 하늘이 훤해서 밖으로 나가 보니 금빛 옷을 입은 동자가 구름을 타고 우리 집으로 들어왔답니다."

그제야 김서현은 태몽이라 생각하고 빙그레 웃었습니다. 아니나다를까 만명 부인은 그 날부터 태기를 느꼈습니다. 그런데 열 달이 지나고 열두 달이 지나도 아이는 태어나지 않았습니다. 무려 스무 달이 지난 진평왕 17년(595년) 어느 날, 집안에 그윽한 향기가 가득하고 어디선가 학 한 마리가 날아와 너울너울 춤을 추었습니다. 바로 그 때 아이

가 태어났습니다. 아이의 등에는 신기하게도 북두칠성을 꼭 닮은 점이 있었습니다. 김서현은 아이의 이름을 유신이라고 지었습니다.

김서현의 조상은 가야의 왕족이었습니다. 가야가 법흥왕 시절 신라에 항복한 뒤, 가야의 왕족들은 모두 신라의 서울 금성으로 거처를 옮기고 신라 사람이 되었습니다. 김서현과 아버지 김무력은, 백제와의 싸움에서 왕을 죽이고 일만 명이 넘는 적을 무찌른 이름 있는 장군들이었습니다.

김춘추와 함께 삼국 통일의 대업을 이룬 신라의 명장 김유신은 이처럼 용맹한 장군 집안에서 태어나 어려서부터 무술을 익혔습니다. 그의 무술 솜씨는 주위에서 당할 자가 없을 정도로 빼어났습니다.

유신은 열다섯 살에 화랑에 입문하였고, 열일곱 살에 화랑 중에서 가장 신망이 높은 '국선'으로 뽑혔습니다. 고구려와 백제, 말갈이 신라 땅을 침범하여 노략질하는 것을 보고 자란 유신은 애국심이 남달랐습니다.

'다시는 어떤 나라도 신라를 짓밟지 못하도록 하겠다.'

굳게 마음먹은 유신은 홀로 산 속에 들어가 수련했습니다. 적들은 계속해서 신라 땅을 침공했고, 나이가 어려

조국을 구할 수 없었던 유신은 인박산(울산군 두서면에 있는 백운산으로 추정)으로 달려갔습니다. 유신은 두 손에 칼을 든 채 사흘 밤낮을 기도했습니다.

"하늘이시여! 빛을 내리시어 이 칼에 영험을 주소서."

사흘째 되는 날 밤, 하늘에 총총히 박힌 무수한 별들 중에서 두 개의 별이 환하게 빛났습니다. 그 빛은 땅으로 내려와 유신의 칼에 꽂혔습니다. 별빛으로 에워싸인 칼은 마치 저 홀로 꿈틀거리는 듯했습니다. 유신은 별빛을 받은 신검으로 인박산에서 수련했습니다.

후에 사람들은 인박산을 단검산이라고 불렀는데, 유신이 신검으로 검술을 수련하느라 칼로 베어 낸 돌들이 수북이 쌓여 붙여진 이름이라고 합니다.

유신이 국선이 되어 지내던 어느 날, 화랑의 낭도 백석이라는 찾아왔습니다.

"웬 일인가?"

"국선께서는 지금 고구려와 백제를 무찌르기 위한 방책을 고민하고 계시지요?"

"그렇다네. 그런데?"

"적을 치기 위해서는 먼저 적을 알아야 하지 않겠습니

까? 저와 함께 고구려에 가서 정탐한 뒤에 일을 도모하는 것이 어떨는지요?"

백석의 의견이 옳다고 생각한 유신은 그 날 밤 당장 길을 떠났습니다. 유신과 백석이 고개 위에서 잠시 쉬고 있을 때 단정한 차림을 한 두 여인이 다가왔습니다.

"실례가 되지 않는다면 같이 가도 되겠습니까? 여자의 몸으로 밤길을 가려니 무섭군요."

이렇게 해서 네 사람은 함께 산길을 가게 되었습니다. 밤이 깊어 일행은 골화천이라는 곳에 이르렀는데, 그 곳에는 또 다른 여인이 있었습니다. 다섯 사람은 계곡가에서 묵기로 했습니다. 백석이 잠들자 여인 하나가 유신에게 말했습니다.

"잠깐 저희를 따라오시지요."

백석이 보이지 않는 곳에 이르자 세 여인은 갑자기 하늘로 날아올랐습니다.

"우리는 신라를 지키는 호국신입니다. 백석이라는 자가 유신 공을 적국으로 유인하는 것도 모르고 따라가기에 밀리려고 여기까지 온 것입니다."

말을 마치자마자 세 호국신들은 연기처럼 사라졌습니

다. 계곡으로 돌아온 유신은 잠든 백석을 깨웠습니다.

"중요한 문서를 잊고 왔으니 얼른 돌아가서 가지고 오세."

집으로 돌아온 유신은 당장 백석을 밧줄로 꽁꽁 묶었습니다.

"네놈이 나를 꾀어 고구려로 가서 죽이려 했지? 무엇 때문에 신라에 숨어들었는지 털어놓아라. 사실대로 말하면 목숨만은 살려 줄 것이다."

계획이 발각된 것을 안 백석은 잠시 후 입을 열었습니다.

"나는 고구려 사람입니다. 예전에 고구려 국경에서 물이 거꾸로 흐르는 일이 있었습니다. 왕은 기이하게 여겨 유명한 점쟁이 추남에게 무슨 연고인지를 물었습니다. 그러자 추남은 왕비가 다른 남자와 부정한 짓을 했기 때문이라고 말했습니다. 왕비가 절대 그런 일이 없다고 잡아떼자 왕은 추남에게 상자 하나를 내놓았습니다. 용한 점쟁이라면 상자 속에 무엇이 들었는지 맞출 것이고, 그렇다면 왕비가 다른 남자와 부정한 짓을 했다는 말도 믿을 것이라고 했습니다.

상자를 물끄러미 바라보던 추남은 쥐가 들어 있다고 했습니다. 놀란 왕이 몇 마리냐고 묻자 추남은 조금도 망설이지 않고 여덟 마리라고 대답했지요. 상자를 열었으나 쥐는 한 마리뿐이었습니다.

왕은 왕비를 모함했다는 죄로 추남의 목을 자르라고 명령했습니다. 추남은 아무 죄 없이 억울하게 죽는다며 죽은 뒤 다른 나라의 장군으로 태어나 반드시 고구려를 멸망시키겠다는 유언을 남겼습니다.

추남이 죽은 뒤 이상한 생각이 들어, 왕은 쥐의 배를 갈라 보게 했습니다. 쥐의 뱃속에는 새끼 일곱 마리가 들어 있었지요. 그 날 밤 왕은 추남이 신라 만명 부인의 품 속으로 들어가는 꿈을 꾸었습니다. 그래서 장차 국선께서 고구려를 멸망시킬까 두려워 나를 보내 죽이려고 한 것입니다."

호국신의 도움으로 간신히 죽음을 모면한 유신은 백석을 벌하고 호국신에게 제사를 지냈습니다.

유신은 뛰어난 기량으로 화랑의 최고 우두머리인 풍월주가 되어서도 자나깨나 수련을 게을리 하지 않았어요. 하지만 두각을 나타내지는 못했습니다. 진평왕 51년, 서른네

살이 되던 해 낭비성 전투에서 홀로 고구려 진영으로 돌진해 공을 세웠을 뿐입니다. 엄격한 신분 사회인 신라에서 유신이 가야 출신이라는 것은 뛰어난 능력에도 불구하고 뛰어넘을 수 없는 벽이었던 것이지요.

가슴 속에 큰 꿈을 품었으나 제대로 실력을 발휘하지 못하고 있던 유신을 주목한 사람은 선덕여왕이었습니다. 귀족들은 여자가 왕이 된 것을 탐탁치 않아 했고, 선덕여왕은 자신의 편을 만들어야 했습니다.

모란꽃에 향기가 없음을 간파했던 현명함으로 선덕여왕은 김유신의 능력을 한눈에 알아보았습니다. 삼국을 통일한 명장 김유신도 선덕여왕이 아니었다면 큰 뜻을 펼쳐 보지 못한 채 이름 없이 사라졌을지도 모릅니다.

신라의 꽃 화랑 제도

신라 장군 품일의 아들 관창은 어린 나이에 화랑이 되었습니다. 그는 신라가 당과 연합하여 백제와 싸울 때 열여섯의 어린 나이로 전쟁에 참가하였습니다. 황산벌에서 백제와 신라가 대치하자 관창은 가장 먼저 적진을 향해 달려갔습니다. 말을 달리면서 몇 사람을 죽였으나 워낙 적의 숫자가 많아 관창은 포로가 되고 말았습니다. 관창의 투구를 벗긴 백제의 계백장군은 솜털이 보송보송한 어린

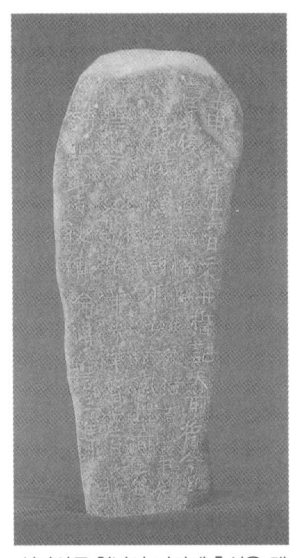

신라의 두 청년이 나라에 충성을 맹세하며 돌에 새긴 글 '임신서기석'

얼굴에 깜짝 놀랐습니다.

계백은 관창의 용기를 높이 사 살려 보냈습니다. 관창은 적의 목을 베지 못하고 돌아온 것을 안타까워하며 다시 적진으로 달려갔습니다. 관창은 또다시 사로잡혔고, 계백은 어쩔 수 없이 그의 목을 쳐 말 안장에 매어 보냈습니다. 그 모습을 본 신라군은 관창의 뜻을 이어 목숨을 걸고 싸워 마침내 황산벌 전투를 승리로 이끌었습니다.

화랑의 조직은 풍월주를 우두머리로 삼고 그 아래 귀족 출신의 낭두, 평민 출신의 낭도로 구성되었습니다. 화랑과 낭두, 낭도들은 상관과 부하의 관계를 넘어 가족과 같은 관계를 맺고 있었기 때문에 엄격한 신분 제도를 완화시키는 역할을 했습니다.

화랑은 유교와 불교, 선교의 조화를 꾀한 일종의 수련 단체이자, 인재 양성 기관이었습니다. 화랑도들은 전국을 돌아다니며 심신을 수련하고, 원광 스님이 가르친 다섯 가지 계율을 지키려 노력하였습니다. 세속오계로 널리 알려진 다섯 가지 계율은 임금을 충성으로 섬기고, 부모는 효로 섬기며, 친구는 신의로 사귀고, 싸움에 있어서는 물러서지 않으며, 살생은 가려서 한다는 것입니다.

4
삼국 통일의 또 다른 주역, 김춘추

    선덕여왕이 주목한 또 한 사람은 김춘추였습니다. 춘추는 선덕여왕의 언니인 천명과 용수 사이에서 태어난 왕족입니다. 용수가 죽은 뒤에는 그의 동생 용춘이 천명과 결혼해 춘추의 아버지가 되었지요. 왕족이지만 폐위 당한 진지왕의 후손인 까닭에 춘추는 정치의 전면에 나서지 못했습니다. 그러나 춘추의 마음 속에는 원대한 꿈이 있었습니다.

    "진평왕께서 영토를 확장했다고는 하나 신라는 아직 삼국의 일부일 뿐이다. 그래서 나라에는 늘 싸움이 끊이질 않는다. 삼국을 통일하여 더 이상 전쟁을 하지 않는다면 얼마나 좋을까?"

그는 자신의 꿈을 함께 이야기하고 키워 나갈 친구를 원했지만 그런 사람은 흔치 않았습니다. 이제 겨우 국력이 백제와 비슷해진 신라가 삼국을 통일할 수 있다는 생각은, 다른 사람들에게는 허황된 꿈일 뿐이었습니다. 그러나 춘추의 생각은 달랐습니다.

"혼자 힘으로 할 수 없다면 당을 이용하면 되는 거지. 전쟁은 군사로만 하는 게 아니지 않은가. 당과 손을 잡고 고구려를 압박한다면 적은 군사로도 얼마든지 승리할 수 있을 거야."

춘추의 꿈을 이해해 준 유일한 친구가 바로 김유신이었습니다. 유신은 춘추보다 일곱 살이나 많았지만 서로의 뜻을 확인한 두 사람은 이내 막역한 친구가 되었지요.

유신에게는 보희라는 누나와 문희라는 여동생이 있었습니다. 보희는 용모가 단정하고 고고한 성품이었고, 문희는 키가 훤칠하고 활달한 성품이었습니다.

어느 날 보희는 볼을 빨갛게 물들이며 잠에서 깨어났습니다.

"언니, 왜 그래? 이상한 꿈이라도 꾼 거야?"

"그래. 정말 이상한 꿈을 꾸었단다."

"무슨 꿈인데?"

"아유, 부끄러워라."

보희는 부끄러워서 말을 잇지 못했습니다.

"언니도 참……. 우리 사이에 부끄러울 게 뭐 있어? 대체 무슨 꿈인데 그러는 거야?"

"글쎄, 꿈에 내가 높은 산에 올라가서 오줌을 누지 않았겠니? 그런데 오줌이 어찌나 많은지 폭포가 되어 흘러 내려서는 아주 큰 강을 이루었어."

"어머나! 그렇게 많이?"

문희는 입을 가린 채 쿡쿡 웃었습니다.

"그 정도인 줄 아니? 서라벌 전체가 오줌 강물에 잠겨 버렸단다."

이 대목에서 문희는 예사 꿈이 아님을 알고 정색을 하고 말했습니다.

"언니, 나한테 그 꿈 팔지 않을래?"

"이렇게 이상한 꿈을 사서 뭐 하게?"

"글쎄, 팔 거야? 안 팔 거야?"

보희는 잠깐 생각하다가 비식 웃으며 물었습니다.

"음, 얼마에 살 건데?"

"한 번도 입지 않은 비단 치마를 줄게."

당시 비단 치마는 매우 값진 것이었습니다.

"좋아."

그렇게 해서 보희는 동생 문희에게 꿈을 팔았습니다. 그로부터 며칠 뒤의 일입니다. 유신은 집 앞 공터에서 춘추와 공을 찼습니다. 춘추가 가진 공을 빼앗으려던 유신은 그만 춘추의 옷고름을 뜯고 말았습니다.

"이걸 어떡하지요? 미안합니다. 집에 들어가서 일단 옷고름부터 달아야겠습니다."

유신은 춘추를 데리고 집으로 들어와 보희를 불렀습니다.

"누님, 춘추 공의 옷고름이 떨어졌으니 좀 달아 주세요."

유달리 정숙하고 부끄럼이 많은 보희는 앞에 나서기가 싫어 유신의 부탁을 거절했습니다. 그러자 문희가 나섰습니다.

"오빠, 제가 달아 드릴게요."

이렇게 만난 춘추와 문희는 이내 사랑하는 사이가 되었

습니다. 문희는 서라벌이 오줌에 잠기는 언니의 꿈을 산 덕분에, 훗날 왕이 될 남자와 사랑하게 된 것이지요. 유신은 춘추가 문희와 결혼하기를 바랐지만 춘추에게는 이미 아내가 있었습니다. 그래서 춘추는 문희를 사랑하면서도 차마 아내로 맞지 못했습니다.

유신이 말도 못 하고 속만 끓이던 차에 어느 날 문희가 임신을 하고 말았습니다. 유신은 누이를 호되게 나무랐습니다.

"부모님께 알리지도 않고 아이를 가졌으니 이 일을 어떡할 것이냐!"

유신은 그 날부터 밖에 나가 처녀의 몸으로 아이를 가진 동생을 불태워 죽이겠노라고 떠들고 다녔습니다.

어느 날, 선덕여왕이 신하들을 데리고 남산으로 산보를 나갔습니다. 여왕이 남산에 간다는 소식을 듣고 유신은 마당 한가운데에 장작을 쌓고 불을 붙였습니다. 산책을 하며 성을 내려다보던 선덕여왕은 검은 연기를 보고 깜짝 놀라 물었어요.

"성 안에 웬 불이오?"

소문의 진상을 알고 있던 신하들은 대답을 못 하고 서

로 얼굴만 바라보았습니다.

"공들은 뭔가 알고 있는 모양이구려. 불이 난 곳이 누구 집이오?"

"저 집은 유신 공의 집인데, 유신이 그 누이를 태워 죽인다며 불을 놓고 있다고 합니다."

유신이라는 이름을 듣고 여왕은 깜짝 놀랐습니다. 여왕은 유신을 춘추만큼 신뢰하고 있었거든요. 춘추와 유신에게 신라의 앞날이 달려 있다고 생각한 여왕은, 대장군의 지위를 하사할 정도로 유신을 굳게 믿고 있었지요.

"누이가 대체 무슨 잘못을 했기에 태워 죽인다는 것이오?"

"결혼도 하지 않은 누이가 아이를 가졌다고 합니다."

"그렇다고 태워 죽이다니? 유신 공이 그럴 사람이 아닌데 필시 무슨 연유가 있는 모양이구려. 그래 아이의 아비가 누구요?"

신하들은 눈치를 살피며 힐끔힐끔 춘추를 보았고, 춘추는 안색이 새파랗게 질린 채 안절부절못했어요. 여왕의 예민한 시선이 재빨리 춘추에게 날아가 꽂혔습니다. 춘추와 유신이 남달리 친하다는 것을 여왕도 잘 알고 있었거든요.

춘추를 보고 여왕은 웃음을 터트렸습니다.

"춘추, 너로구나."

춘추는 말없이 고개를 푹 숙였습니다.

"대체 뭘 하는 거냐? 빨리 유신 공의 집으로 가거라. 아비가 되었으면 책임을 져야지. 어서 가서 유신 공의 누이를 살리고 혼인을 올리도록 해라."

여왕의 명을 받은 춘추는 홀가분한 심정으로 말을 달려 유신의 집으로 갔습니다. 춘추는, 그가 도착하기 직전에야 나뭇단 위에 올려졌는지 옷만 살짝 그을린 문희를 번쩍 들어 내렸습니다.

"유신 공, 이렇게까지 하실 건 무어란 말이오. 당장 결혼하라는 왕명입니다."

그제야 유신은 빙그레 웃었습니다. 이렇게 해서 춘추의 두 번째 아내가 된 문희는, 후에 첫 번째 아내가 죽으면서 정실부인이 되고 춘추가 왕이 된 후에는 왕비가 되었습니다. 그 때 문희의 뱃속에 들어 있던 아이가 바로 훗날의 문무왕입니다.

유신과 춘추는 막역한 친구일 뿐만 아니라 문희를 통해서 더욱 돈독한 친척 관계를 맺게 되었지요.

선덕여왕은 마음과 뜻을 같이한 유신과 춘추를 오른팔과 왼팔로 삼았습니다. 선덕여왕의 든든한 지원 덕분에 유신과 춘추는 신분의 한계를 넘어 가슴 속의 꿈을 펼칠 수 있었지요. 삼국 통일의 두 주역, 김유신과 김춘추는 선덕여왕의 현명한 인재 등용에 힘입어 비로소 역사의 전면에 등장하게 됩니다.

예술 작품으로 남은 김유신의 아들, 원술

당나라의 힘을 빌려 같은 민족이 세운 국가를 멸망시켰다는 이유로 삼국 통일의 명장 김유신을 비판하는 사람들도 있습니다. 그러나 김유신이 무조건 당나라를 높이 받든 것은 아니었습니다. 통일을 위해 한때 힘을 빌리기도 했지만, 나중에는 당나라에 맞서 싸우기도 했습니다. 김유신과 아들 원술의 슬픈 이야기는 당나라와의 싸움에서 비롯되었지요.

672년(문무왕 12년), 당나라는 신라가 백제의 옛 땅을 차지하고 고구려의 반란 무리를 받아들였다는 이유로, 말갈족과 함께 신라를 공격했습니다. 김춘추의 딸과 김유신 사이에서 태어난 원술은 이 싸움에서 목숨을 걸고 싸우려 했습니다. 그러나 그를 보좌하는 담릉이라는 사람이 말렸습니다.

"대장부는 죽는 것이 어려운 게 아니라 죽을 곳을 택하는 게 어려운 일입니다. 죽는다고 이 싸움에서 승리할 게 아니라면 살아서 승리를 도모하는 편이 낫습니다."

"무슨 소리냐? 남자는 구차하게 살지 않는 것이다. 장차 무슨 면목으로 아버지를 보겠는가?"

원술은 말을 채찍질해 나가려 했지만 담릉이 고삐를 잡아당기며 놔주지 않았습니다. 원술은 살아남았고, 신라는 이 싸움에서 크게 패했습니다.

졌다는 소식을 듣고 문무왕이 유신에게 물었습니다.

"어떻게 할까?"

"당군에 대비해서 병사들로 하여금 각 요소를 지켜야지요. 다만 원술은 왕명을 욕되게 하고 가훈을 저버렸으니 목을 베어야 하겠습니다."

그러나 문무왕은 유신을 말렸습니다.

"원술 혼자에게만 중한 형벌을 내릴 수는 없다."

문무왕 덕분에 목숨을 건졌지만 원술은 그 날 이후 다시는 아버지를 볼 수 없었답니다. 부끄럽고 두려워서 시골에 숨어 있던 원술은 유신이 세상을 떠난 뒤에야 어머니를 찾아갔습니다. 그러나 어머니 지소 부인은 원술을 만나 주지 않았습니다.

675년, 당나라 군대가 또다시 신라의 매소성(현재의 양주)을 공격해 왔습니다. 이 날을 기다려온 원술은 싸움에 참가하여 큰 공을 세웠습니다. 그러나 지소 부인은 끝내 아들을 받아들이지 않았지요. 원술은 왕이 내린 벼슬조차 받지 않고 평생 숨어 살았다고 합니다.

싸움에서 한 번 도망쳤다는 이유로 아들을 용서하지 않은 김유신과 지소 부인이 너무 매정하다고요? 요즘에는 물론 상상할 수 없는 일이지요. 하지만 목숨을 건 임전무퇴(싸움에 임하면 절대 물러나지 않는다.)의 자세가 화랑도의 원칙이었고, 그 덕분에 작은 신라가 삼국을 통일할 수 있었던 것이랍니다.

원술의 이야기는 유치진이라는 작가에 의해 《원술랑》이라는 희곡으로 탄생했습니다. 자신의 목숨보다 국가와 명예를 더 소중하게 생각했던 신라 사람들의 슬픈 이야기가 지금도 많은 사람들에게 감동을 주고 있답니다.

오페라 '원술랑' 공연 모습

5
작은 나라의 서러움

　선덕여왕은 즉위하자마자 당나라에 사신을 보내 즉위 사실을 알렸습니다. 그러나 당나라 태종은 신임표(왕으로 임명한다는 표식)를 보내지 않았습니다. 여왕을 인정하지 않는다는 뜻이었지요. 신라에서 줄기차게 사신을 보내 채근하자 당 태종 이세민은 마지못해 선덕왕을 신라의 왕으로 책봉했습니다. 선덕여왕이 즉위한 지 4년 만의 일이었습니다.
　당시에는 늘 전쟁이 벌어졌기 때문에 왕들도 직접 군사를 이끌고 싸움터에 나갔습니다. 그러나 선덕여왕은 그럴 수 없었지요. 이웃 나라들은 여자가 왕이라는 이유로 신라

를 깔보고 더 쉽게 공격해 왔습니다. 선덕여왕은 자신이 직접 싸울 수 없는 단점을 김유신이라는 명장을 발굴함으로써 넘어서려 했습니다. 과연 김유신은 명장답게 전투에서 용감하게 싸웠습니다.

선덕여왕 10년에 백제의 의자왕이 즉위했습니다. 여왕의 나라 신라를 우습게 본 의자왕은 642년 7월 자신이 직접 군사를 이끌고 미후성 등 신라의 서쪽 변경에 있는 40개 성을 공격해 빼앗았습니다.

미후성이 함락된 바로 다음날, 의자왕은 윤충에게 일만 명의 군사를 내주고 대야성(경남 합천)을 치게 했습니다.

대야성 성주 품석은 대낮인데도 일은 하지 않고 검일이라는 군졸의 아내와 놀고 있었습니다. 그 때 문이 벌컥 열리더니 군졸 하나가 숨을 헐떡이며 들어왔습니다.

"도독님! 큰일났습니다. 백제군입니다!"

"뭐야? 백제군이 또 쳐들어왔단 말이냐?"

백제군이 연이어 쳐들어오리라고는 꿈에도 생각지 못했던 품석이 군대를 정비하고 대응하려 했을 때, 백제군은 이미 대야성을 포위하고 있었습니다.

성 안으로 백제군이 쏘아대는 화살이 비 오듯 쏟아졌습니다. 백성들은 이리 뛰고 저리 뛰고 그야말로 아우성이었습니다. 수많은 군사들을 잃으며 품석은 겨우 하룻밤을 버텼습니다.

그런데 그 날 밤 몰래 성문을 빠져 나가는 자가 있었습니다. 품석에게 아내를 빼앗긴 검일이었습니다. 품석에게 앙심을 품은 그는 백제군과 내통한 후 몰래 성으로 들어오는 샛문을 열어 주었습니다. 백제군은 파죽지세로 대야성을 공격해 왔습니다.

품석의 부하 장수가 말했습니다.

"도독, 아뢰옵기 황송하오나 이젠 어쩔 수 없습니다. 항복하는 수밖에 도리가 없겠습니다. 윤충의 일만 병사로 말하면 모두 일당백의 정예병입니다. 그들에게 대항한다는 것은 계란으로 바위치기일 뿐입니다."

실제로 성은 함락 직전이었고 병사들 대다수가 죽거나 부상을 입었습니다. 품석은 하는 수 없이 부하를 시켜 윤충에게 항복을 알렸고, 윤충은 항복하는 자는 모두 살려주겠다고 했습니다.

품석이 항복하기 위해 갑옷을 벗자, 많은 병사들이 안도의 숨을 내쉬었습니다. 그 때 장수 하나가 품석 앞으로 다가와 노려보며 말했습니다.

"아직도 수천의 병사가 있는데 어찌 항복을 하겠다는 것입니까? 신라의 병사라면 목숨이 있는 한 성을 지켜야 합니다."

품석을 막아선 장수는 죽죽이라는 화랑이었습니다. 품석은 죽죽의 만류에도 수천 명의 병졸을 이끌고 성문 밖으로 나가 윤충에게 항복하였습니다.

그러나 화랑 죽죽은 일부 병사들과 함께 성에 남아 끝까지 백제군에 맞서 싸웠습니다.

병졸들 중에 항복을 권유하는 자가 있으면 죽죽은 눈을 부릅뜨고 꾸짖었습니다.

"아버지께서 내 이름을 '대 죽(竹)'자 두 개를 써서 죽죽이라 한 것은 대처럼 굳게 절개를 지키라는 뜻이었다.

대나무는 꺾일지언정 굽히지는 않는다."

결국 죽죽은 싸움터에서 백제군에게 목숨을 잃었고, 대야성은 백제의 손에 넘어가고 말았습니다.

그제야 잘못을 깨달은 품석은 자기 손으로 처자를 모두 죽이고 자기도 스스로 목숨을 끊었습니다.

죽죽의 이야기를 전해 들은 선덕여왕은 죽죽에게 급찬이라는 벼슬을 내려 충신으로 대접하고, 그의 처자를 왕궁으로 불러서 재물을 후하게 주었습니다.

대야성 함락 소식을 들은 김춘추는 하늘이 무너지는 듯했습니다. 신라 땅을 빼앗긴 것도 통탄할 일이었지만, 대야성 성주 품석의 아내 고타소는 춘추가 지극히 아끼던 딸이었습니다.

춘추는 대야성 전투에서 딸과 사위가 죽었다는 소식을 듣고, 기둥에 의지한 채 서서 종일토록 꿈쩍도 하지 않았습니다. 사람이 그 앞을 지나가도 알지 못했을 정도였지요. 해가 저물 무렵 춘추는 이글이글 불타는 눈으로 중얼거렸습니다.

"슬프다! 대장부가 되어 어찌 백제를 멸하지 못하랴!"

대야성이 백제의 수중으로 넘어간 후 선덕여왕은 춘추

와 유신을 불렀습니다.

"백제와 고구려가 앞 다투어 공격해 오니 장차 이 일을 어찌 하면 좋겠느냐?"

김춘추가 머리를 조아리며 아뢰었습니다.

"이번 싸움은 너무도 분하여 견딜 수가 없습니다. 저를 고구려로 보내 주십시오. 고구려에 지원을 요청하여 백제를 물리치겠습니다."

"그건 안 된다. 병사를 요청하러 간다면 백제의 눈을 피해야 하니 사신의 자격으로 갈 수도 없지 않느냐? 고구려도 우리를 공격하지 못해 안달인데 만에 하나 너를 돌려보내지 않는다면 어찌 하느냐."

그러나 춘추는 고집을 꺾지 않았습니다. 춘추를 바라보는 여왕의 눈에 슬픔이 가득 차올랐습니다.

"춘추야. 내가 자식이 없어 너를 아들처럼 생각했다. 또한 너는 이 나라의 재목이니 내 분신이나 마찬가지다. 분함이야 너에 못지않으나 우리에게 당장 백제를 칠 힘이 없으니 한스러울 뿐이다."

"그러니 제가 고구려로 가겠습니다. 가서 지원병을 청해 백세를 물리치고야 말겠습니다."

마침내 여왕은 한숨을 내쉬며 말했습니다.

"부디 몸조심하거라. 너는 너 혼자만의 몸이 아님을 명심해라. 너와 유신 공의 두 어깨에 이 나라의 미래가 달려 있다. 너를 위해 기도하마."

고구려 평양성까지는 멀고도 먼 길이었습니다. 살아 돌아오리라는 보장도 없었지요. 끝까지 함께 가겠다는 유신에게 춘추는 말했습니다.

"우리는 이 나라의 두 다리와 같은 사람들이오. 만약 둘 다 고구려에 가서 돌아오지 못한다면 신라의 앞날이 어찌 되겠소? 혹 내게 무슨 일이 생기더라도 유신 공이 마마를 잘 보필하여 주시오. 이것이 내 바람이오."

춘추는 승복 차림을 하고 떠났습니다.

천신만고 끝에 고구려 평양성에 도착한 춘추는 당시의 실력자이던 연개소문을 만났습니다.

연개소문은 춘추가 지원병을 요청하자, 느닷없이 지도를 꺼내 들고 몇 개의 성을 가리켰습니다.

"죽령 이북의 땅은 원래 우리 고구려 땅이었소. 그런데 지금은 신라가 차지하고 있소. 당장 우리 땅을 돌려 주시오."

"저는 왕명을 받들어 원병을 요청하러 온 것이지 땅 문제를 해결하려고 온 것이 아닙니다. 땅 문제는 다른 날 말씀하시지요."

"신라가 죽령 이북의 땅을 돌려준다면 군대를 파견하겠소."

춘추가 화를 내며 거절하자 연개소문은 그를 옥에 가두어 버렸습니다.

난감해진 춘추는 일단 땅을 내주겠다고 약속한 후 가까스로 목숨을 구해 신라로 돌아왔습니다.

이제 신라가 도움을 요청할 수 있는 곳은 당나라뿐이었습니다. 그러나 당나라는 선덕여왕이 즉위한 후 계속 신라를 무시하고 있었습니다.

그럼에도 불구하고 선덕여왕은 당나라에 조금도 싫은 기색을 하지 않았습니다. 오히려 신라의 승려와 왕실 자제들을 당나라 국학에 입학시켜 줄 것을 요청하면서 관계 회복에 힘썼습니다.

여왕이라는 이유로 무시당하면서도 당나라와 좋은 관계를 유지하려는 선덕여왕의 속마음을 춘추도 알고 있었습니다. 그래서 춘추는 차마 당나라에 원병을 요청하자는 말을 꺼내지 못했습니다.

춘추를 바라보는 여왕의 얼굴에는 수심이 가득했습니다. 한참 만에 여왕이 말했습니다.

"어쩔 수 없구나. 당나라에 원병을 청하도록 하자."

춘추가 말을 잇지 못하고 고개를 숙였습니다.

"이것이 약한 나라의 설움일 테지."

여왕의 고뇌에 찬 말을 들으며 춘추는 삼국 통일의 꿈을 다시 한 번 다졌습니다.

그런데 당나라에 갔던 사신은 어이없는 대답을 가지고 돌아왔습니다. 당 태종이 사신에게 이렇게 말했던 것입니다.

"너희 나라는 여자를 임금으로 삼았기에 이웃 나라로부터 괴롭힘을 당하고 있으며, 도둑이 들끓어 편안한 세월이 없다. 내가 나의 친척 한 명을 보내 너희 나라의 임금으로 삼겠다."

선덕여왕은 이번에도 혼자서 분노를 삭일 수밖에 없었습니다. 당 태종의 푸대접에도 불구하고 선덕여왕이 끈질기게 지원을 요청하자, 당나라는 마지못해 고구려에 사람을 보내 신라를 공격하지 말라고 요구했습니다. 그러나 연개소문은 당나라의 요구에 눈도 꿈쩍하지 않았습니다.

그 사이 김유신은 백제를 공격하여 빼앗긴 성의 일부를 되찾았습니다. 그에 대한 보복으로 백제가 공격해 오자 다시 출전하여 백제 군사 이천 명을 죽이는 대승을 거뒀지요.

연개소문의 오만한 태도에 화가 난 당나라가 고구려를 공격했을 때는 신라도 군대 3만을 동원하여 협공하였습니다.

그러나 그 사이 백제가 신라 변경을 급습하는 바람에 또다시 일곱 성을 빼앗기고 말았지요.

이렇듯 전쟁이 계속되자 갈수록 민심이 흉흉해졌습니다. 여자가 왕이 되어 나라가 망하고 있다는 소문도 나돌았습니다.

여왕의 마음은 답답하기 짝이 없었습니다. 선덕여왕은 어려서부터 몸이 약한 편이었습니다. 왕위에 오른 뒤에는 계속되는 전쟁으로 마음 편할 날이 없었지요. 여왕의 몸과 마음은 점점 지쳐 가고 있었습니다.

국경을 넘은 서동과 선화 공주의 사랑

어느 날 백제의 왕자 선이 성 밖에 나왔다가 못가에서 빨래하는 과부를 보고 한눈에 반했습니다. 왕자는 말에서 내려 과부에게 말을 걸었습니다.
"목이 마른데 이 근처에 우물이 있는가?"
과부는 옥을 굴리는 듯 맑은 목소리로 대답하며 얼굴을 붉혔습니다.
"누추하지만 제 집에 맑은 물이 있습니다."
그 날부터 왕자는 자주 과부의 집을 찾았습니다. 얼마 후 과부는 왕자의 아기를 가졌습니다. 언제든 왕이 되면 반드시 궁으로 부르겠다는 약속만 남긴 채, 왕자는 어느 날부터 발길을 끊었습니다.
과부는 혼자 아이를 낳았습니다. 동네에는 과부가 연못에 사는 용의 아들을 낳았다는 소문이 파다하게 퍼졌습니다. 이 아이가 바로 서동이었습니다. 서동은 비록 마를 캐서 살았지만 자신이 왕의 핏줄이라는 자부심을 갖고 당당한 청년으로 자라났습니다.
신라 진평왕의 막내딸 선화 공주는 용모가 매우 아름다웠습니다. 어찌나 아름다웠던지 그 소문이 신라를 넘어 백제까지 유명했습니다.
어린 시절부터 선화 공주의 소문을 들었던 서동은 어느 날 머리를 깎고 승려로 변신한 뒤 신라로 넘어갔습니다. 그는 동네 아이들에게 마를 공짜로 나눠 주며 노래를 한 곡 가르쳤습니다.
"선화 공주님은 남 몰래 사귀어 두고
서동을 남 몰래 안고 간다."
아이들이 쉽게 따라 부른 노래는 머시않아 서라벌에 널리 퍼졌고 마침내 대궐 담을 넘어 진평왕의 귀에까지 들어갔습니다. 화가 머리 끝까지 치민 진평왕은 공주를 먼 곳으로 귀양보냈습니다.
공주가 귀양지에 다다랐을 무렵 서동이 나타났습니다.

"제가 공주님을 모시게 해 주십시오."

서동의 외모가 남달리 뛰어나고 믿음직스러웠으므로 선화 공주는 서동에게 수행을 허락했습니다.

먼 길을 함께 가는 동안 두 사람은 사랑에 빠졌습니다. 그제야 서동은 자신의 신분을 밝혔는데, 이미 사랑에 빠진 선화 공주는 그를 원망하지 않았습니다.

서동은 후에 백제의 30대 무왕이 되었고, 아름다운 선화 공주는 백제의 왕비가 되었답니다. 서동이 선화 공주를 얻기 위해 불렀던 '서동요'는 우리 나라에서 가장 오래된 향가로 아직까지 전해지고 있습니다.

6
나라를 지키는 탑

신라에 불교가 처음 전해진 것은 제19대 눌지왕(재위 417-458) 때, 묵호자라는 사람을 통해서입니다. 묵호자는 '검은 오랑캐 자식'이라는 뜻인데, 아마 피부색이 검은 인도인이었던 모양입니다. 신라 사람들은 대대로 선도를 믿어왔기 때문에 불교를 받아들이려 하지 않았습니다. 23대 법흥왕은 불교를 크게 일으켜 국력을 신장시키려 했습니다. 통일된 신앙으로 신라인들의 마음을 한데 모아야만 신라가 발전할 수 있다고 믿었던 것이지요. 그러나 귀족들의 반대가 심했습니다. 그러자 박이차돈이 왕에게 말했습니다.

"사람들은 신비로운 일을 눈으로 보아야 새로운 종교를

믿게 되는 법입니다. 그러니 제 목을 치십시오. 만일 부처님의 영험이 있다면 제가 죽고 난 뒤에 이상한 일이 생길 것입니다."

　박이차돈을 아끼던 법흥왕은 절대 그럴 수 없다고 반대했으나 박이차돈의 결심을 꺾을 수 없었습니다. 결국 왕은 형리를 불러 박이차돈의 목을 베게 했습니다. 박이차돈의 목을 치자 피가 솟구쳐 올랐는데, 붉은 피가 아니라 눈처럼 희디 흰 피였습니다. 피가 그치자 하늘이 캄캄해지고 땅이 진동하면서 빗방울이 마치 꽃잎처럼 나부끼며 떨어졌습니다. 신하들은 두려움에 떨면서 다시는 불교를 비방하지 않았습니다.

　그 후 진흥왕 대에 이르러 불교가 날로 번성하면서 황룡사 같은 엄청난 규모의 절이 건립되기도 하였습니다. 진흥왕은 나이가 들자 몸소 머리를 깎고 승복을 입었으며, 그의 어머니도 승려가 되어 영흥사라는 절에 머물렀습니다.

　선덕여왕의 아버지인 진평왕의 이름은 백정, 어머니는 마야 부인인데, 모두 불교에서 따온 이름입니다. 선덕이라는 왕명도 선덕바라문이라는 불교 이름에서 따온 것이지요. 신라 왕실에게 불교는 나라를 하나로 모으는 중심점이

자, 나라를 지키는 힘이었으며, 자신들을 신성시하는 도구이기도 했습니다.

선덕여왕 역시 선왕들의 뒤를 이어 불교 부흥에 앞장섰습니다. 여자가 왕이 되었다는 이유로 당나라로부터 배척당하고 귀족들의 반발이 심해지자, 선덕여왕은 즉위 3년인 634년 분황사라는 절을 짓게 했습니다. '향기로운 임금의 절'이라는 뜻에서도 알 수 있듯, 선덕여왕은 분황사를 지음으로써 여왕의 등극이 부처의 뜻임을 널리 알렸지요. 분황사 모전석탑은 아직도 그 일부가 남아 있는데, 신라인들이 남긴 가장 오래된 석탑입니다.

643년 선덕여왕은 당 태종에게 편지를 보냈습니다.

"귀국에 머무르고 있는 고승 자장법사를 신라로 보내주시기를 청합니다."

자장법사는 당시 중국에서도 유명한 스님이었습니다. 당 임금이 직접 거처를 마련해 주고 비싼 물건도 많이 하사했지만, 세상의 부귀를 탐내지 않는 자장법사는 절벽 위에 방을 만들고 수도를 하고 있었습니다.

당 태종의 허락을 받은 자장법사는 불경을 싣고 신라로 돌아왔습니다. 선덕여왕은 자장을 황룡사에 머물게 하고

자주 찾아가 법론을 들었습니다.

"스님. 한 나라의 왕이라고 하나 그로 인해 죄가 더욱 무겁습니다. 왕이 되어 제 백성을 편히 거두지 못하고 계속되는 전쟁으로 수많은 병사와 백성을 잃었으니, 이 죄를 어찌 다 씻을 수 있겠습니까? 이 모든 괴로움이 전생의 업 때문이 아니겠습니까?"

자장은 빙그레 웃으며 합장하고 말했습니다.

"마마, 제가 중국 오대산에서 수행할 때 꿈을 꾸었습니다. 꿈 속에 문수보살이 나타나서 이렇게 말씀하셨습니다.

'너희 국왕은 전생에 천축국의 왕으로 이미 불법이 깊었다. 불법을 아는 여왕이 나라 안에 있기 때문에 군신이 편하고 만백성이 화평한 것이다.'"

"화평이라니요? 스님도 알다시피 이 나라에는 전쟁이 끊일 날이 없습니다."

"어떤 분이 임금이 되어도 전쟁을 피해 갈 수는 없습니다. 속세란 더러운 연못과 같습니다. 그러나 그 더러운 연못에서 아름다운 연꽃이 피지 않습니까?"

"혼자서 연꽃이 된들 무엇 하겠습니까? 수많은 백성들이 전쟁 때문에 죽고 다치고 굶주리지 않습니까?"

"그것은 마마 혼자서 해결하실 수 있는 문제가 아니지요. 아직은 때가 아닌지도 모릅니다. 임금의 덕이 백성들의 마음에 가 닿으면, 그것으로 하실 일을 다 하신 것입니다."

자장법사의 위로에도 선덕여왕은 근심이 가시지 않았습니다. 자장법사가 차를 마시며 말했습니다.

"황룡사에 9층탑을 세우면 민심이 안정되고 평안해질 것입니다. 또한 천하가 형통하고 삼국이 통일될 것입니다. 신라에 불법이 전해진 지 오래 되었으나 아직 부처님 말씀이 만백성에게 가 닿지 못하고 있습니다. 탑을 세워 부처님 말씀을 널리 알리고 생로병사에 시달리는 백성들을 위로해 주시지요."

자장법사는 신라로 돌아오기 얼마 전, 중국에 있는 대화지라는 연못을 지난 적이 있습니다. 그 연못에 사는 용이 사람으로 변해서 자장에게 물었습니다.

"법사는 어찌하여 이 곳에 오셨소?"

"진리를 찾기 위해서입니다."

용은 자장에게 절을 한 후 다시 물었습니다.

"그대의 나라에 무슨 어려운 일이 있소?"

"우리 나라는 북으로 고구려와 말갈에 연하고 남으로는 왜에 이어져 있으며 서로는 백제와 닿는 까닭에, 이웃 나라의 침입이 끊이질 않으니 이것이 걱정입니다."

그러자 용이 말했습니다.

"그대는 빨리 본국으로 돌아가시오."

"돌아가면 무슨 유익한 일이 있겠습니까?"

"본국에 돌아가거든 황룡사에 9층탑을 세우시오. 그러면 이웃 나라들이 항복할 것이오."

용은 말을 마친 후 이내 모습을 감췄습니다.

자장의 말을 들은 선덕여왕은 곧바로 황룡사에 9층탑을 세우도록 했습니다. 신라에는 뛰어난 공장이가 없어서 백제의 유명한 공장이 아비지를 데려왔습니다. 아비지는 나무와 돌을 재고, 춘추의 아버지인 용춘이 공사 전체를 감독했습니다. 9층탑을 세우기 위해 무려 이백 명의 일꾼들이 동원되었습니다. 높이만 해도 225척(80여 미터)에 이르는 황룡사 9층탑은 2년 만인 645년에 완공되었습니다.

처음으로 탑의 기둥을 세우는 날이었습니다. 그 날 밤 공장이 아비지는 백제가 멸망하는 꿈을 꾸었습니다. 불안한 마음에 아비지는 일을 할 수 없었지요. 그러자 갑자기

천지가 진동하며 어두워졌습니다. 어둠이 짙어지자 어디선가 노승과 힘센 장사가 나타나 기둥을 번쩍 들어 세우고는 홀연히 사라졌습니다. 아비지는 일을 멈춘 것을 후회하고 탑을 완성시켰습니다.

탑이 완성되자 선덕여왕은 자장과 함께 많은 신하들을 거느리고 나왔습니다. 탑 꼭대기는 하늘을 찌를 듯 아득하게 높았습니다. 여왕은 오래도록 탑을 돌며 나라의 안녕을 기원했습니다.

"이 땅에 평화와 풍요를 내리소서. 이 땅에 전쟁이 그치게 하소서."

황룡사 9층탑의 1층은 일본, 2층은 중국, 3층은 오월, 4층은 탁라, 5층은 응유, 6층은 말갈, 7층은 거란, 8층은 여진, 9층은 예맥을 진압한다는 뜻을 담고 있습니다. 물론 선덕여왕도 신라가 중국까지 항복시킬 수 있다고 믿은 것은 아닐 겁니다. 하지만 선덕여왕은 이 탑을 통해 장차 신라가 나아갈 꿈을 제시했습니다. 백제의 공격에 신음하는 약소국 신라가 아닌, 일본과 중국까지 진압할 강대국 신라의 미래상을 황룡사 9층탑으로 보여 준 것이지요.

선덕여왕은 황룡사 9층탑으로 인해 백성들로부터 원성

을 사기도 했습니다.

"먹고 살기도 바빠 죽겠는데 그깟 탑을 짓느라 돈을 쓰다니 될 말인가?"

전란에 지친 백성들과 일부 귀족들은 뒤에서 이렇게 수군거렸습니다.

그러나 황룡사 9층탑은 삼국의 통일을 염원하는 신라인들의 정성과 염원의 상징이었습니다. 호국 불교의 구심점이자 성지이기도 했습니다. 이 무렵 신라 사람 중에 불법을 받든 이가 열 집에 여덟, 아홉은 되었으며, 머리 깎고 불법을 배우고자 하는 사람도 나날이 많아졌다고 합니다. 이런 강력한 정신적 구심체가 있었기에 작은 나라 신라가 탑을 세운 지 23년 만에 삼국을 통일할 수 있었던 것이지요.

선덕여왕이 세 개의 높은 건축물을 잇달아 세운 까닭은?

선덕여왕은 재위 기간 동안 세 개의 높은 건축물을 세웠습니다. 첨성대와 분황사탑, 황룡사 9층탑이 그것입니다. 첨성대는 동양에서 가장 오래된 천문대로 알려져 있고, 분황사 모전석탑은 석탑으로는 당시 최대 규모로 지금도 그 예술성을 높이 평가 받고 있습니다. 황룡사 9층탑은 높이가 무려 80여 미터로 요즘으로 치면 30층 빌딩 정도의 높이입니다.

당시의 기술로 이처럼 높은 건축물들을 지으려면 천문학적인 비용이 들어갔습니다. 선덕여왕이 내우외환에 시달리면서도 엄청난 돈을 들여 세 개의 건축물들을 지은 이유는 무엇일까요? 선덕여왕은 이들 건축물들을 통해 여왕이라서 불안정한 왕권을 다지고, 외세의 침입에 맞서 백성들의 힘을 하나로 모으며, 불교의 확장을 꾀했습니다.

선덕여왕 3년(634년)에 세워진 분황사 모전석탑

특히 신라의 왕들에게 불교는 단순한 종교가 아니었습니다. 불교는 자신들의 통치에 의미를 부여할 새로운 세계관이었던 것입니다. 선덕여왕이 일부 백성들의 원성에도 불구하고 황룡사 9층탑을 쌓은 이유가 여기에 있습니다.

목탑 가운데 가장 오래된 황룡사 9층탑은, 우리 민족의 정신적인 지주로 떠받들어졌으나, 신라와 고려 두 왕조에 걸쳐 여섯 차례나 수리되는 등 수난을 당하다가 고려 고종 25년 몽고 침입 때 불타 없어지고 지금은 돌받침만 남아 있습니다.

7
선덕여왕의 세 가지 예언

예지력이 남달랐던 선덕여왕은 밤하늘의 별을 보며 날씨를 짚고 앞날을 점치기도 했습니다. 어느 날 그녀는 신하들을 불러 명했습니다.

"이 땅에서 농사 짓는 백성들을 위해서는 하늘을 관측하고 연구하여 가뭄과 홍수에 대비해야 한다. 당장 천문대를 세우도록 하라."

그리하여 월성 뒤 광장에 첨성대가 건립되었습니다. 원주형 모양의 첨성대는 강함과 부드러움을 동시에 지니고 있는, 동양에서 가장 오래된 천문대인 동시에 아름다운 건축물이기도 합니다. 첨성대의 둥근 몸통과 맨 위에 얹힌

'우물 정(井)'자 모양의 정자석은 하늘은 둥글고 땅은 네모나다는 고대 신라인들의 우주관을 상징합니다. 또한 정자석의 네 귀퉁이는 정확하게 동서남북을 가리키고, 중간에 난 창문은 정확히 남쪽을 향하고 있어 춘분과 주분 때에 햇빛이 첨성대 밑바닥까지 비쳤으며, 하지와 동지에는 아랫부분에서 햇빛이 사라져 계절을 가르는 역할을 했습니다.

첨성대에 사용된 돌의 총 개수는 366개인데 그 중 한 개는 현재 절반만 남아 있습니다. 첨성대 기단에 사용된 돌은 12개로 일 년의 열두 달과 같고, 기단에서 정(井)자 귀틀까지 돌의 층수는 30개로 1개월 날짜 수와 같습니다. 또 네모난 창 아래위에 있는 12개의 석단은 일 년 열두 달 24절기를 나타냅니다. 한 마디로 첨성대는 달력 숫자로 이루어진 달력 탑인 것이지요. 첨성대는 천문대일 뿐만 아니라 절기와 계절을 알림으로써 농사를 짓는 데도 큰 도움을 주었습니다.

1400여 년 전에 세워진 첨성대는 아직도 어떤 방법으로 천체와 날씨를 보았는지 비밀에 잠겨 있습니다. 방법은 알 수 없지만 고대 신라인들은 첨성대에서 태양이 달에 가려지는 일식 같은 현상을 살피고, 별의 움직임을 보며 나라의 운수를 점치기도 하였습니다.

어떤 사람들은 관측 방법을 알 수 없다는 이유로, 첨성대가 천문대가 아니라 불교에서 가장 높은 산이라고 말하는 수미산을 상징하는 건축물이라고 보기도 합니다. 어느 쪽이든 첨성대는 선덕여왕과 당시 신라인들의 지혜를 고스란히 담고 있습니다.

밤하늘의 별을 보며 날씨와 길흉을 점치던 선덕여왕은 평생 세 번의 예지력을 발휘했다고 합니다. 그 중 하나가 모란꽃 사건입니다. 여왕은 또 백제의 침입을 예지하기도 했습니다.

어느 추운 겨울날이었습니다. 영묘사라는 절에 옥문지라는 연못이 있었는데 느닷없이 개구리 떼가 나타나 울기 시작했습니다. 한겨울에 개구리가 나타난 걸 참으로 신기하게 여긴 영묘사 스님들은 이 일을 여왕에게 알렸습니다. 이야기를 전해 들은 여왕은 알천과 필탄을 불러 명했습니다.

"경들은 당장 날쌘 군사 이천 명을 뽑아 서쪽으로 달려가시오. 여근곡이란 골짜기를 찾아보면 분명 백제군들이 숨어 있을 것이오."

알천과 필탄은 영문을 알 수 없었지만 일단 여왕의 명을 받들어 서쪽으로 달려갔습니다. 과연 그 곳에는 여근곡이라는 골짜기가 있었는데, 여왕 말대로 백제군 오백 명이 숨어 있었습니다. 신라군은 백제군 오백 명은 물론이고 뒤따라 온 천삼백 명의 군사까지 공격하여 한 사람도 남김없이 무찔렀습니다. 여왕은 승리하고 돌아온 군사들을 치하

했습니다.

"수고했소. 그대들이 백제군의 공격으로부터 우리 신라를 구했구려."

"아닙니다. 왕께서 적들이 숨어 있는 곳을 알려 주셨기에 물리칠 수 있었지요. 그런데 적들이 여근곡에 숨어 있는 걸 어떻게 아셨는지요?"

여왕은 빙그레 웃으며 답했습니다.

"개구리는 눈이 튀어 나와 사납게 생겼지. 그래서 병사를 상징하오. 그리고 개구리가 나타난 옥문지의 옥문은 여자를 뜻하오. 여자는 음과 양 가운데 음에 속하고, 그 빛깔은 흰색이지. 흰색은 서쪽을 상징하니 적군이 서쪽에 있는 여근곡에 숨어 있음을 알게 된 것이오."

선덕여왕의 세 번째 예언은 자신의 죽음에 관한 것이었습니다. 어느 날 선덕여왕은 신하들에게 당부했습니다.

"나는 아무 해, 아무 달, 아무 일에 죽을 것이니 내가 죽거든 도리천에 묻어 주시오."

"마마, 도리천이 어디에 있습니까?"

"도리천은 낭산 남쪽 비탈에 있소."

그러자 한 신하가 물었습니다.

"도리천은 불교에서 말하는 곳으로 수미산 꼭대기에 있지 않습니까? 그런데 어찌 낭산 남쪽을 도리천이라 하십니까?"

그러자 선덕여왕은 빙그레 웃으며 말했어요.

"세월이 흐르면 내 말을 알게 될 것이오."

선덕여왕은 스스로 예언한 바로 그 날 세상을 떠났습니다. 신하들은 낭산 남쪽에 여왕을 모셨습니다. 여왕이 세상을 떠난 후 문무대왕이 왕의 무덤 아래 사천왕사를 세웠습니다. 불경에서는 사천왕 하늘 위에 도리천이 있다고 하니 선덕여왕은 자기가 예언한 대로 도리천에 묻힌 것이지요.

하늘을 보고 미래를 예측할 수 있었던 선덕여왕은 사람의 마음 또한 깊이 헤아리는 따뜻한 사람이었습니다. 선덕여왕 시절, 자귀라는 화랑이 있었습니다. 정확한 나이는 알 수 없지만 여왕보다는 훨씬 나이가 적은 젊은 화랑이었지요. 자귀는 먼발치에서 자애로운 여왕의 모습을 보고 그만 마음을 빼앗기고 말았습니다. 자나깨나 관음보살처럼 사랑 넘치는 여왕의 미소가 눈앞에서 사라지지 않았습니다. 그녀는 여왕이었고, 나이도 훨씬 많았으니 도저히 이루어질 수 없는 사랑이었습니다. 그런데도 한 번 불타오른 사랑의 감정은 좀체 사라지지 않았습니다. 자귀는 늘 여왕 근처를 맴돌았습니다.

어느 날, 선덕여왕은 영묘사라는 절을 찾았습니다. 자귀도 남몰래 여왕을 따라 영묘사에 왔습니다. 불공을 드리러 법당 안에 들어가려던 여왕은 뜨거운 시선을 느꼈습니다. 저만치 나무 기둥 뒤에 비쩍 마른 청년이 숨어 있었습니다.

'아, 저 사람이 자귀라는 화랑이구나.'

여왕을 짝사랑하는 자귀 이야기는 온 성 안에 파다하게 퍼져 있었습니다. 그래서 여왕도 자귀의 이름을 알고 있었지요. 여왕은 자귀처럼 뜨거운 사랑을 해 보지 못했습니다. 그렇지만 모든 사람에게 자애로웠던 여왕은 이룰 수 없는 사랑 때문에 야위어 가는 자귀가 안타까웠습니다.

그래서 사람을 시켜 불공을 드린 후 보러 가겠으니 탑 아래에서 기다리라고 전했지요.

여왕이 향불을 피우고 나라를 위해 기도하는 동안, 자귀는 영묘사 탑 아래서 가슴을 졸이며 여왕을 기다렸습니다. 가슴은 터질 듯한데 아무리 기다려도 여왕은 나타나지

않았습니다. 탑에 기댄 채 여왕이 불공을 드리는 불당을 바라보던 자귀는 그만 깜박 잠이 들었습니다.

여왕이 도착했을 때, 자귀는 지친 몸을 탑에 기댄 채 잠들어 있었습니다. 구름 사이로 푸른 달빛이 비쳤습니다. 짝사랑의 괴로움 때문인지 잠든 자귀의 얼굴은 잔뜩 찡그려져 있었습니다. 여왕은 한없이 부드럽고 따뜻한 손길로 마른 자귀의 얼굴을 쓰다듬었습니다.

"네 마음이 집착의 고통에서 벗어나기를 바라노라."

여왕은 혼잣말처럼 속삭이고는 끼고 있던 반지를 빼서 자귀의 가슴에 얹어 주었습니다. 그리고 조용히 궁으로 돌아갔지요.

시간이 꽤 흘러 새벽 빛이 닿기 전, 멀리 동해에서 불어온 차가운 바람이 자귀의 얼굴을 스치고 지나갔습니다. 그제야 자귀는 잠에서 깨어났습니다. 가슴 위에 놓인 반지를 보고, 잠든 사이 여왕이 다녀간 것을 알게 된 자귀는 가슴을 치며 후회했습니다. 일생에 단 한 번 여왕을 가까이서 볼 수 있는 기회였는데 잠 때문에 그 소중한 기회를 놓쳐 버린 것이지요. 자귀는 안타까운 마음에 사방을 미친 듯이 뛰어다니다가 제풀에 지쳐 기절하고 말았습니다. 쓰러진

그의 몸에서 갑자기 노란 불꽃이 솟아나더니 순식간에 자귀의 몸과 곁에 있던 탑까지 태워 버렸습니다. 불탄 탑 아래 사랑 때문에 고뇌하던 자귀의 육신은 한줌의 재로 남았습니다.

여왕은 자귀가 불귀신이 되었다는 소식을 전해 듣고 시름에 잠겼습니다. 본의 아니게 아까운 청년을 죽음으로 몰고 간 셈이니까요. 여왕은 술사를 불렀습니다.

"주문을 지어 자귀의 혼을 위로해 주시오."

이 때부터 신라에서는 선덕여왕의 주문을 벽이나 문에 써 붙이고 화재를 예방하는 풍속이 생겼다고 합니다.

참으로 신기한 일

전세계 역사상 여자가 왕이 된 예는 손가락으로 꼽을 정도입니다. 중국에서는 단 한 명의 여왕이 있었고, 유럽에서도 여왕이 등장한 것은 근대 이후의 일입니다. 우리 나라의 경우에는 오직 신라에만 세 명의 여왕이 있었습니다. 그 중 선덕여왕이 첫 번째 여왕이지요.

그런데 참으로 신기한 일이 있습니다. 선덕여왕이 즉위할 무렵 동양에 있는 세 나라가 모두 여왕의 통치를 받았거든요. 일본에는 추고여왕(593-628)의 등장을 시작으로 여섯 명의 여왕이 왕위에 올랐고, 당나라에서는 고종의 왕비였던 측천무후가 아들인 중종과 예종을 폐하고 690년 황제의 자리에 올랐습니다. 동양의 세 나라에서 비슷한 시기에 여왕이 탄생하다니, 우연의 일치치고는 참 신기하죠? 게다가 중국은 그 긴 역사를 통틀어 단 한 명의 여왕밖에 없었는데 말이죠.

우리 나라 역사상 신라에서만 유일하게 여왕이 탄생한 이유는 무엇일까요? 추측해 보건대 여성에 대한 차별보다 신분에 의한 차별이 더 심했기 때문일 겁니다. 여자는 왕이 될 수 있어도 진골은 왕이 될 수 없다는 생각 때문에, 성골 남자들이 사라지자 진골 남자 대신 성골 출신 여자가 왕이 된 것이지요. 여기에 여왕 후계자의 뛰어난 능력도 한몫 했으리라 생각됩니다. 능력이 받쳐 주지 않았다면 숱한 어려움을 극복하고 여왕으로 등극하기 힘들었을 테니까요.

8
하늘로 돌아간 별

　　선덕여왕은 즉위할 당시 52세였습니다. 여자의 몸으로 왕이 되어 밖으로는 적의 침략에 시달리고, 안으로는 반대 세력을 견제하느라 여왕의 건강은 점차 나빠졌습니다. 나중에는 아예 자리에서 일어나지 못하는 날이 많았습니다. 사람들은 여왕의 목숨이 얼마 남지 않은 것을 알고 있었어요. 당시 조정 대신들은 후계자 문제를 놓고, 유일한 성골인 여왕의 사촌 여동생 승만을 지지하는 쪽과 반대하는 쪽으로 나뉘어 있었습니다.

　　대신들이 둘로 나뉘기 시작한 것은 3년 전 당 태종이 여왕을 모욕한 다음부터였습니다. 상대등인 비담과 그 측

근들은 여왕 때문에 신라에 전쟁이 끊이지 않는다는 당 태종의 말에 고개를 끄덕였고, 춘추와 유신은 그 말을 믿지 않았습니다. 춘추가 고구려에 두 달 동안 잡혀 있다 돌아왔을 때도 비담 무리는 춘추를 반기기보다 잘못을 추궁하기에 바빴습니다.

"그대들이 잘못하니까 여왕이 정치를 제대로 못 하는 것 아니오?"

비담은 당시 화백 회의의 의장이며 나라의 재상인 상대등의 자리에 있었습니다. 여왕의 양팔이 되어 국사를 담당했던 춘추와 유신은 여왕이 죽으면 비담 일파에게 떠밀려 쫓겨날 게 분명했습니다.

누가 다음 왕이 될 것인가? 이것이 춘추와 유신, 비담 일파의 최대 관심사였습니다.

춘추와 유신은 왕위 후계자로 선덕여왕의 사촌 여동생 승만을 지목했습니다. 성골 남자는 이미 맥이 끊긴 상태였고, 선덕여왕에게는 자식이 없으니 왕이 될 사람이라곤 승만뿐이었습니다. 게다가 승만은 춘추와 가까웠고 미혼이어서 후계자가 없는데다 나이가 이미 예순을 넘겼습니다. 승만이 왕이 된다면 유신과 춘추는 선덕여왕 때처럼 왕의 양팔이 되어 신라를 이끌어 갈 수 있었습니다.

선덕여왕은 승만 외에 왕위를 이을 성골이 없었으므로 춘추와 유신의 청을 받아들였습니다.

그러자 귀족의 우두머리인 비담이 반대하고 나섰습니다.

"여왕을 세워서 나라가 잘 된 게 없는데 또 여왕을 세운단 말이오?"

유신과 춘추는 노한 얼굴로 비담을 바라보았습니다.

"전쟁이 끊이지 않는 게 어찌 왕 때문이란 말이오? 선대왕 시절부터 전쟁은 끊이질 않았소. 우리가 힘을 키우지 않는 한 전쟁은 앞으로도 계속될 것이오. 스스로 힘을 키울 생각은 않고 어찌 하여 대왕을 모욕하는 것이오! 불충한 반역자는 당장 처단할 테니 재상은 몸조심하시오!"

서슬 푸른 유신의 말에 비담은 입을 다물었습니다.

647년 선덕여왕이 즉위한 지 16년이 되는 정월 어느 날, 춘추와 유신이 급히 여왕을 찾았습니다.

"큰일났습니다. 비담과 염종이 반란을 일으켰습니다."

비담과 염종은 왕의 후계자로 승만이 정해지자, 장차 유신과 춘추에게 화를 입을 것이 두려워 반란을 일으킨 것입니다. 여왕이 정사에는 신경 쓰지 않고 황룡사 9층탑을 건설하는 등 나랏일을 잘못했다는 것이 반란의 이유였습니다.

소식을 들은 선덕여왕은 간신히 침상에서 몸을 일으켰습니다. 병색이 완연한 얼굴에 수심이 더욱 깊어졌습니다. 그녀는 춘추와 유신을 바라보며 말했습니다.

"갈 날이 멀지 않았으나 내 아무 것에도 연연하지 않는다. 목숨에 대한 미련도 없구나. 다만 한 가지, 한 나라의 왕으로서 백성을 더 편안히 해 주지 못한 것이 마음에 걸릴 뿐이다. 내가 여자의 몸으로 약소국의 왕이 되어 늘 이웃 나라에 시달리면서 당에 구원을 청하고 부처님의 보호를 받으려 사방으로 애를 썼지만, 결국 이 나라가 잘 된 모습을 보지 못하고 가겠구나. 하늘이 너희를 내 곁에 두어 돕도록 하셨으니 그것이 나의 유일한 기쁨이고 희망이었다. 나는 가지만 너희는 남을 것이니 신라의 미래는 밝을 것이다."

"무슨 말씀이십니까? 역적 비담을 물리치고 병도 털고 일어나셔야지요."

선덕여왕은 희미하게 웃으며 그만 나가라는 손짓을 했

습니다.

유신이 이끄는 군사는 왕궁이 있는 월성에 진을 치고 비담과 대치했습니다. 열흘 동안 비담의 군사는 여왕이 있는 월성을 향해 공격을 했습니다. 군사는 적었지만 유신은 최선을 다해 궁을 사수했습니다. 결국 비담의 무리는 월성을 포기하고 명활산성으로 옮겨 갔습니다.

열흘째 되는 날 밤, 여왕이 있는 궁 가까이에 유성이 떨어졌습니다. 비담의 군사들은 기뻐 환호성을 질렀습니다.

"유성이 떨어졌으니 여왕이 죽고 김유신의 군사가 패할 징조가 아니겠는가?"

소식을 전해 들은 선덕여왕은 불안한 마음으로 유신을 불렀습니다. 자신이 죽는 것은 두렵지 않으나 반란군과 대치하고 있는 유신에게 나쁜 일이 생길까 걱정스러웠던 것입니다. 싸움터에서 갑옷을 입은 채 달려온 유신은 여왕 앞에 무릎을 꿇었습니다. 여왕의 불안한 마음을 헤아린 유신은 미소를 띠며 말했습니다.

"마마, 별이 하나 떨어졌기로서니 무슨 상관입니까? 길하고 흉한 것은 모두 사람 하기 나름입니다. 마마의 덕이 높으니 사악한 반역의 무리를 능히 눌러 이길 것입니다.

심려하지 마십시오."

"마지막까지 공의 신세를 지는구려. 계속되는 싸움으로 몸도 지쳤을 터인데……."

"아직은 끄떡없습니다. 저를 믿으십시오."

그 날 밤 유신은 허수아비를 만들어 불을 붙인 후 연에 실어 하늘로 올려 보냈습니다. 어두운 밤하늘로 치솟아오른 불꽃이 한동안 일렁이며 타올랐습니다. 밤하늘로 날아오르는 불빛은 마치 별이 하늘로 올라가는 것처럼 보였습니다.

날이 밝기 전 유신은 수많은 병사들을 평복으로 갈아입힌 후 이렇게 일렀습니다.

"사방을 다니면서 떨어진 별이 어젯밤에 하늘로 다시 올라갔다는 말을 퍼트리도록 하라."

유신의 병사들은 어둠을 틈타 거리로 사라졌습니다. 몇 시간이 지나 해가 하늘 높이 솟아 오를 무렵, 떨어진 별이 다시 하늘로 올라갔다는 소문이 궁 밖에까지 퍼졌습니다.

소식을 들은 비담의 무리는 술렁이기 시작했습니다. 하늘이 자신들의 편이 아니라고 생각되어 불안해진 것입니다.

아직도 반란을 평정하지 못한 정월 어느 날, 승만과 춘추와 유신이 여왕의 침상 곁에 모였습니다. 선덕여왕은 힘없는 손을 내밀어 승만의 손을 잡았습니다. 그리고 유신과 춘추에게 당부했습니다.

"나에게 했듯 승만을 잘 보필하여라. 춘추와 유신 공이 있으니 내 편히 눈을 감겠다. 내가 못 이룬 꿈을 너희들이 이루어 다오. 다시는 이 땅이 전란에 휩싸이지 않도록, 그리하여 부처님의 정토와 같은 나라가 될 수 있도록 온 힘을 기울여 다오. 무거운 짐을 남기고 가는 것이 미안할 뿐이구나."

여왕의 목소리가 점점 희미해지더니 마침내 숨을 거두었습니다. 생명이 사라진 여왕의 얼굴은 더없이 편안했고, 관음보살과 같은 자애로운 미소가 피어 있었습니다. 사람들은 오래 전 여왕이 당부했던 대로 시신을 경주 낭산 남쪽에 묻었습니다.

화백 회의는 좋은 것일까, 나쁜 것일까?

귀족들이 만장일치로 국가의 일을 결정하는 화백 회의는 합의에 의한 정치라는 점에서 긍정적인 평가를 받아 왔습니다. 그래서 신라의 화백 회의는 좋은 것으로, 골품 제도는 나쁜 것으로 생각되었지요. 하지만 역사 속의 어떤 일을 단순한 잣대로 평가하는 것은 썩 바람직한 태도는 아니랍니다.

신라는 여섯 마을이 주축이 된 사로국에서 출발하여 주변의 작은 국가들을 통합하면서 발전했습니다. 초창기에는 왕권이 약한 반면 귀족들의 힘이 강해서 왕이라고 해도 마음대로 통치할 수가 없었습니다. 화백 회의가 대표적인 예이지요. 화백 회의에서 백 퍼센트 합의를 이뤄야만 했다는 것은 그만큼 귀족들의 권한이 강했다는 뜻입니다. 그런데 진흥왕 대에 이르면 왕권이 강화되면서 화백 회의를 거치지 않고 왕이 홀로 군대를 지휘하는 일이 발생합니다.

지금까지의 역사를 살펴보면 한 나라는 혈연을 중심으로 한 씨족 사회에서, 씨족들이 연합한 부족 국가로, 다시 왕을 중심으로 한 중앙 집권 국가로 발전해 왔습니다. 중앙 집권 국가에서는 왕권이 강화되고 귀족들의 힘이 약화됩니다. 화백 회의는 귀족들의 힘이 약해지면서 사라지고 맙니다. 그러니 화백 회의가 좋은가, 나쁜가라고 생각하기보다 역사가 발전하는 과정에서 나타나는 하나의 현상이라고 이해하면 좋을 것입니다.

9
모든 파도를 쉬게 하는 피리

　선덕여왕의 뒤를 이어 즉위한 승만, 즉 진덕여왕은 신라의 마지막 성골 왕이었습니다. 그녀가 재위한 칠 년 동안에도 신라에는 크고 작은 전쟁이 끊이질 않았습니다. 춘추와 유신 같은 용맹한 장군들이 적군을 맞아 용감하게 싸우고 때로는 승리했지만, 사방에서 밀려오는 적을 감당하기는 쉽지 않았습니다. 이기기도 하고 지기도 하는 싸움이 거의 날마다 계속되었습니다.

　이런 와중에 춘추는 끊임없이 당과 연합하기 위해 노력했습니다. 아들을 당으로 보내 당나라를 칭송하는 시 '태평송'까지 읊게 했고, 스스로 당의 복장을 입겠다고 말했을 정도입니다. 신라가 써 오던 연호를 버리고 당의 연호를 사용한 것도 모두 당의 지원을 얻어내기 위한 몸부림이었습니다. 춘추의 끈질긴 구애 작전은 마침내 나당 연합군으로 결실을 맺게 됩니다. 춘추는 약소국 신라를 살려내기 위해 자존심까지 내팽개치고 철저하게 무릎을 꿇은 것입니다. 그리고 나당 연합의 덕으로 신라는 마침내 선덕여왕이 그토록 소망했던 삼국 통일을 이루게 됩니다. 그러나 통일을 이루기까지 신라는 20년 가까이 전쟁의 소용돌이에 휘말려야 했습니다. 그 전쟁을 승리로 이끈 것은 춘추와 유신이었습니다.

춘추는 진덕여왕의 뒤를 이어 태종무열왕이 되었습니다. 진덕여왕을 끝으로 성골이라고는 남아 있지 않아 진골 출신의 남자가 왕이 된 것이지요.

유신과 춘추는 당의 도움을 받아 660년에 백제를 멸망시켰습니다. 그리고 태종무열왕의 아들인 문무왕이 뒤를 이어 유신과 함께 668년에 고구려를 정복했습니다. 그러나 그것으로 전쟁이 끝난 것은 아니었습니다. 나당 연합군이 승리하면 고구려 평양성 이남의 땅을 신라에게 주겠다던 약속을 당나라가 깨뜨렸기 때문입니다. 그 후로 신라는

9년 동안 당나라에 맞서 싸운 끝에야 고구려 평양성 이남의 땅을 장악할 수 있었습니다. 신라인들은 다만 삼국 통일을 위해 당나라의 힘을 빌렸을 뿐이고, 나당 연합의 원칙이 지켜지지 않자 거침없이 당에 맞서 싸웠습니다.

삼국을 통일한 춘추의 아들 문무왕은 '나는 죽어서도 동해의 용이 되어 나라를 지키겠다.'는 유언을 남겼습니다. 신하들은 유언에 따라 동해의 큰 바위에 문무왕을 장사지냈습니다. 후세 사람들은 그 바위를 '대왕암'이라고 불렀습니다.

문무왕의 뒤를 이은 신문왕은 아버지를 위해 대왕암이 보이는 바닷가에 감은사라는 절을 세웠습니다. 그런데 이듬해 동해의 작은 섬이 감은사 쪽으로 떠내려와서 물결을 따라 오락가락했습니다. 신기하게 생각한 신문왕이 어찌 된 일인지 역관에게 묻자 역관이 대답했습니다.

"돌아가신 문무대왕과 김유신 공이 뜻을 같이하여 나라를 지킬 보물로 주신 것입니다. 임금께서 그 곳으로 가시면 값을 따질 수 없는 큰 보물을 얻게 될 것입니다."

그 해 5월 7일 신문왕은 동해가 보이는 감은사로 갔습니다. 과연 못 보던 섬 하나가 물결을 따라 흔들리고 있었

습니다. 신문왕은 사람을 보내 섬을 살피게 했습니다. 섬에 다녀온 자들이 왕에게 아뢰었습니다.

"섬은 거북의 머리같이 생겼는데 그 위에는 대나무가 한 그루 있었습니다. 대나무는 낮에는 둘이 되었다가 밤에는 하나가 되었습니다."

다음날 해가 저물자 둘이었던 대나무는 다시 하나가 되었습니다. 그 순간 뇌성벽력과 함께 비바람이 휘몰아쳤습니다. 이튿날이 되어도 같은 날이 계속되었습니다.

열엿새가 지난 후에야 날이 개고 태양이 높이 솟았습니다. 신문왕은 배를 타고 섬으로 건너갔습니다. 왕이 배에서 내리자 검은 용 한 마리가 왕을 맞더니 옥대를 주었습니다. 놀란 가슴을 진정시키며 왕이 물었습니다.

"이 섬에 있는 대나무가 낮에는 둘이었다가 밤에는 하나가 되는데, 어찌 된 연유인가?"

"이 대나무는 두 그루가 합쳐져 한 그루가 되었을 때에 비로소 소리가 나게 되어 있습니다. 임금께서 하나로 합쳐진 대나무로 피리를 만들어 불면 천하가 화평해질 것입니다. 이는 마음을 합하여 삼국을 통일하신 문무대왕과 김유신 공이 내리는 선물입니다."

이 말과 함께 용은 흔적도 없이 사라져 버렸습니다.

궁궐로 돌아온 왕은 그 대나무로 피리를 만들었습니다. 이 피리는 참으로 신기한 피리였습니다. 적군이 쳐들어올 때 피리를 불면 적군이 물러갔고, 홍수가 날 때 피리를 불면 비가 그쳤으며, 역병이 돌 때 불면 병이 도망갔습니다. 사람들은 이 피리를 '만파식적'이라 부르고 국보로 삼았습니다. 만파식적은 '모든 파도를 쉬게 하는 피리'라는 뜻입니다.

만파식적의 도움이었을까요? 삼국을 통일한 뒤 신라는 파도 없는 잔잔한 바다처럼 오래도록 평화를 누렸습니다. 삼국 통일로 선덕여왕이 그토록 꿈꾸던 백성들의 평화가 찾아온 것입니다. 선덕여왕 시절부터 유신과 춘추가, 그리고 문무왕과 유신이 마음을 합쳐 얻어낸 귀하디 귀한 평화였습니다. 한반도의 남쪽 끝, 경주에서 시작된 작은 나라 신라는 위대한 삼국 통일을 이룩하고, 오랜 평화를 누린 뒤 고려와 조선으로 이어져 우리 민족의 뿌리가 되었습니다.

작은 신라가 삼국을 통일한 이유

난세가 영웅을 만든다고 하지요? 그 말이 정말인가 봅니다. 백제와 신라, 고구려가 힘이 엇비슷해져 각축을 벌이던 6, 7세기에는 각국에서 그 어느 때보다 많은 영웅들이 출현했습니다. 신라에 김춘추와 김유신이 있었던 것은 알고 있겠지요?

삼국 중 가장 먼저 무릎을 꿇은 백제에도 명장들이 있었습니다. 그 중 하나가 계백입니다. 계백은 백제의 멸망을 지켜봐야 했던 슬픈 장수였지만 끝까지 백제를 위해 싸운 용감한 장군입니다. 신라 명장 김유신이 5만의 군사를 이끌고 백제의 황산벌로 진격해 오자, 의자왕은 겨우 5천의 군사를 주며 계백 장군에게 신라군을 막으라고 했습니다. 계백은 출전하기 전날 피눈물을 흘리며 자기 손으로 사랑하는 아내와 자식들을 죽였습니다. 5천의 결사대를 끌고 황산벌로 간 계백은 김유신의 군대를 네 번이나 물리치는 전과를 올렸습니다. 그러나 병사의 숫자가 절대적으로 부족해 끝내 지고 말았습니다. 당시 황산벌은 신라, 백제 양군이 흘린 피가 강물이 되어 흐르고 시체가 산을 이루었다고 합니다.

고구려에는 그 무렵 연개소문과 양만춘이 있었습니다. 연개소문은 네 차례에 이르는 당나라의 침입을 모두 물리친 뛰어난 장수이고, 양만춘은 고구려 안시성의 성주로 당 태종의 30만 대군을 물리치고 끝내 성을 지켜낸 대단한 장수입니다. 광활한 중국 대륙의 지배자 당 태종이 죽음에 이른 것은 고구려 침략의 실패 때문이었습니다.

군사력에서 신라보다 훨씬 우위에 있던 고구려가 패망한 것은, 왕권을 둘러싼 내분 때문이었습니다. 신라는 한반도의 끝에 위치한 지리적 약점과 좁은 영토에도 불구하고 선덕여왕과 진덕여왕을 중심으로 유신과 춘추가 굳게 뭉친 까닭에 한반도 통일의 주역이 될 수 있었습니다. 또 하나, 통일의 일등 공신은 신라의 외교력이었습니다. 신라는 당과 적극적으로 동맹 관계를 맺음으로써 삼국 통일에 성공할 수 있었습니다.

어떤 사람들은 신라가 고구려의 드넓은 영토를 당에 잃었기 때문에, 고구려가 포함되지 않은 삼국 통일이란 진정한 의미의 통일이 아니라고 말하기도 합니다. 고구려가 삼국 통일의 주역이 되었어야 우리나라가 저 멀리 만주 벌판과 요동까지 끌어안는 대국으로 성장할 수 있었다고 말하는 이도 있습니다. 그러나 역사에는 후세 사람들의 가정이나 희망 사항이 끼여들 자리가 없습니다. 결과가 어찌 되었든 삼국을 통일한 것은 작은 나라, 신라였습니다.

삼국 통일의 위업을 이룬 문무왕의 시신이 안장된 대왕암

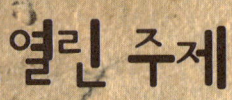

열린 주제

삼국유사

　삼국시대에 기록된 책들은 아쉽게도 오늘날까지 전해지지 않고 있습니다. 삼국시대에 관해 기록된 책 중 가장 오래된 것은 《삼국사기》와 《삼국유사》입니다. 그러나 이 책들은 삼국시대가 한참 지나고 난 뒤 고려시대에 와서야 쓰인 것이라, 그 내용 중에는 사실 여부를 확인할 수 없는 것들도 들어 있습니다.

　《삼국사기》는 인종 23년인 1145년에 임금의 명령을 받은 학자 김부식의 주도로 편찬되었습니다. '사대부들이 우리 역사를 잘 알지 못하니 유감이다. 중국 사서는 우리나라에 대한 사실을 간략히 적었고, 《고기》는 내용이 졸렬하므로 왕, 신하, 백성의 잘잘못을 가려 후세에 규범을 남기지 못하고 있다.'고 편찬 동기를 밝히고 있습니다.

　《삼국사기》는 기전체로 서술된 대표적인 역사서입니다. 기전체란 왕조를 중심으로 하여 역사를 시대 순으로 훑는 '본기'와 인물을 담은 '열전', 이 두 축으로 서술하는 방식을 말합니다. 《삼국사기》의 열전에 등장하는 인물 69명 중에는 나라를 위해 순국한 사람이 21명, 통일 전쟁에서 활약한 인물이 34명입니다. 《삼국사기》의 편찬 이유를 짐작할 만하지요?

　학자에 의해 쓰인 《삼국사기》와 달리 《삼국유사》는 일연이라는 스

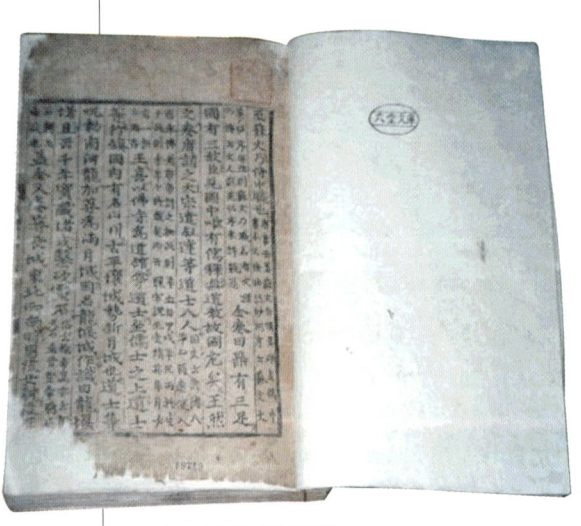

16세기 판본 《삼국유사》

우리 나라 최초의 여성 지도자
선덕여왕

님에 의해 쓰였습니다. 편찬 연대는 정확하게 알려져 있지 않지만 1281년에서 1283년 사이라고 추정됩니다.

《삼국유사》는 김부식의 《삼국사기》와 더불어 오늘날까지 존재하는 한국 고대 사적의 쌍벽입니다. 《삼국사기》는 여러 사관들에 의해 기록된 정통 역사이므로 그 체제나 문장이 짜임새가 있지만, 《삼국유사》는 일연이 혼자 쓴 야사라서 체제나 문장은 《삼국사기》에 미치지 못한다는 평가를 받습니다. 하지만 《삼국사기》에는 없는 수많은 고대 사료들이 수록되어 있어서 둘도 없이 소중한 가치를 지니고 있습니다. 그중에서도 특히 고조선과 단군신화에 대한 서술은 우리나라의 역사를 반만 년 전으로 앞당기는 역할을 했습니다.

그 밖에도 《삼국유사》에는 수많은 설화와 전설뿐만 아니라 한국 고대 문학의 소중한 자료인 14수의 신라 향가까지 실려 있습니다. 그래서 육당 최남선은 '《삼국사기》와 《삼국유사》 중에서 하나를 택해야 한다면, 나는 서슴지 않고 후자를 택할 것'이라고 말했습니다. 《삼국유사》에는 김부식이 《삼국사기》를 편찬할 때 유교의 합리주의적 사고 또는 사대주의 사상으로 말미암아 누락시킨 오래 전의 기록들이 원형대로 온전히 수록되어 있기 때문에, 어느 의미에서는 정사인 《삼국사기》 이상의 가치를 지니게 된 것입니다.

편찬의 목적도 《삼국사기》와는 조금 다릅니다. 《삼국사기》가 국가의식과 유교 사상을 높이기 위해 편찬된 반면, 《삼국유사》는 정신적 기준을 찾기 위해 과거의 전통을 돌이켜보고자 편찬되었습니다. 《삼국유사》가 편찬된 당시에는 무신정변으로 인해 사회가 매우 혼란했기 때문입니다.

안타깝게도 고려시대에 편찬된 《삼국유사》는 오늘날에는 전해지지 않고 있습니다. 조선 중종 7년인 1512년에 다시 찍은 정덕본이 가장 오래된 것으로 전해지고 있을 뿐입니다.

인물 돋보기

다보탑과 석가탑

경주 불국사에는 다보탑과 석가탑이 있습니다. 불국사 대웅전 앞에 나란히 서 있는 동쪽의 다보탑과 서쪽의 석가탑은 불국사에 담긴 신라인의 염원과 이상, 예술혼의 결정체와 같습니다. 다보여래라는 부처에서 유래한 다보탑은 부처의 한량없는 공덕과 무궁무진한 정신력, 그리고 깨끗하고 청정한 자비심을 상징합니다. 변화무쌍한 형태에서 법화경의 진리를 표현한 다보탑은, 일정한 틀에 얽매이지 않고 언제나 새로운 표현 방법을 추구한 신라인의 독창적인 창의력을 보여 줍니다.

통일신라시대의 전형적인 석탑인 석가탑은 무영탑이라고도 합니다. 정식 명칭은 불국사 삼층석탑입니다. 무영탑이라는 이름은 이 탑을 만든 것으로 전해지는 아사달의 애틋한 사랑 이야기에서 유래되었습니다.

석가탑을 창건할 때 책임자였던 김대성은 당시 가장 뛰어난 석공이라 알려진 백제의 후손 아사달을 불렀습니다. 아사달이 탑에 온 정성을 기울이는 동안 한 해 두 해 세월은 흘러갔고, 그리움을 이기지 못한 아사달의 아내 아사녀는 기다리다 못해 불국사로 찾아왔습니다. 그러나 탑이 완성되기 전까지는 여자를 들일 수 없다는 금기 때문에 남편을 만날 수 없었습니다. 아사녀는 그래도 포기하지 못한 채 날마다 불국사 문 앞을 서성거렸습니

불국사 다보탑

다. 먼발치로나마 남편을 보고 싶었던 것입니다. 그런 아사녀를 보다 못한 한 스님이 꾀를 냈습니다.

"여기서 얼마 떨어지지 않은 곳에 자그마한 못이 있소. 지성으로 빈다면 탑 공사가 끝나는 대로 탑의 그림자가 못에 비칠 것이오. 그러면 남편도 볼 수 있을 게요."

이튿날부터 아사녀는 온종일 못을 들여다보며 탑의 그림자가 비치기를 기다렸습니다. 그러나 몇날 며칠이 지나도 탑의 그림자는 비치지 않았습니다. 상심한 아사녀는 고향으로 되돌아갈 기력조차 잃고 남편의 이름을 부르며 못에 몸을 던지고 말았습니다. 후에 탑을 완성한 아사달이 아내의 이야기를 듣고 한걸음에 달려갔으나 아내의 모습은 볼 수 없었습니다.

아사달은 아내를 그리워하며 못 주변을 방황했습니다. 그런데 아내의 모습이 홀연히 앞산 바윗돌에 겹쳐졌습니다. 아내의 웃는 모습은 인자한 부처님의 모습을 닮은 듯했습니다. 아사달은 그 바위에 아내의 모습을 새기기 시작했습니다.

사람들은 훗날 끝내 그림자를 비추지 않은 석가탑을 '무영탑'이라고 불렀습니다. 그림자가 없다는 뜻입니다.

불국사 석가탑

하강암으로 만들어진 불국사 돌계단

연대표

선덕여왕의 생애

기원전 57 박혁거세가 왕위에 오르고, 나라 이름을 서라벌(신라)로 정함.

기원전 19 석탈해, 신라에 도착함. 변한 소국들이 신라에 조공을 바치기 시작함.

4 박혁거세, 세상을 떠남.

32 3대 유리왕이 17등급의 관등제를 실시함.

65 4대 탈해왕이 국호를 계림으로 고침. 김알지 탄생함.

184 석탈해의 손자인 9대 벌휴왕이 왕위에 오름.

262 김씨 왕의 시조인 미추왕이 13대 왕이 됨.

고구려, 백제, 중국의 동향

105 후한의 채륜, 종이를 제작함.

194 고구려, 진대법을 실시함.

313 고구려, 낙랑군을 멸망시킴.

349 모용선비가 연나라를 세움.

372 고구려, 불교를 전래받고 태학을 세움.

373 고구려, 율령을 반포함.

130 선덕여왕

우리 나라 최초의 여성 지도자
선덕여왕

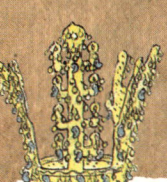

| 선덕여왕의 생애 | 고구려, 백제, 중국의 동향 |

375 백제의 왕인, 일본에 《천자문》을 전함.
384 백제, 불교를 전래받음.
386 중국, 북위 건국됨.
400 고구려, 신라에 5만 대군을 보내 왜군을 몰아냄.
405 백제, 일본에 한학을 전함.
427 고구려, 평양으로 천도함.
433 나제동맹 성립됨.
439 중국, 남북조 성립됨.

458 19대 눌지왕 때 묵호자가 신라에 불교를 전파함.
503 22대 지증왕이 국호를 신라로 정함.
514 23대 법흥왕이 율령을 반포함.
527 불법을 일으키기 위해 박이차돈이 순교함.
528 불교를 국교로 공인함.
532 금관가야 멸망함.

538 백제, 도읍을 사비성으로 옮김.
552 백제, 일본에 불교를 전함.

553 24대 진흥왕이 황룡사를 건립함.

131
연대표

선덕여왕의 생애	고구려, 백제, 중국의 동향
562 진흥왕이 대가야를 멸망시킴.	
579 선덕여왕의 아버지 진평왕이 제26대 왕위에 오름.	589 수나라가 중국을 통일함.
595 가락국 왕손인 김서현과 신라 왕족 출신인 만명 부인 사이에서 김유신 태어남.	
602 김춘추 태어남.	
	612 고구려, 살수대첩에서 승리함.
	618 당나라 건국됨.
	624 고구려, 당나라에서 도교를 전래받음.
631 진평왕이 둘째 딸 덕만을 왕위 후계자로 내세우자 이찬 칠숙과 아찬 석품이 반역을 도모하다 처형당함.	
632 덕만이 우리나라 최초의 여왕으로 신라 제27대 왕위에 오름.	
634 분황사를 건립함.	
642 백제 의자왕이 신라를 총공격함. 김춘추의 사위 대야성 성주 품석과 딸 고타소가 세상을 떠남.	
643 승려 자장의 제안으로 삼국 통일을 염원하는 황룡사 9층탑을 건립함.	

우리 나라 최초의 여성 지도자
선덕여왕

선덕여왕의 생애	고구려, 백제, 중국의 동향
선덕여왕 재위 중 동양 최초의 천문대인 첨성대도 건립되었으나 정확한 연대는 알 수 없음.	
	645 고구려, 안시성 싸움에서 승리함.
647 상대등인 비담 무리가 반란을 일으켰으나 실패함. 선덕여왕, 병으로 사망하여 경주 낭산에 묻힘.	
660 29대 왕이 된 김춘추와 김유신이 백제를 멸망시킴.	660 백제, 멸망함.
661 김춘추, 세상을 떠남.	
668 30대 문무왕과 김유신이 고구려를 멸망시킴.	668 고구려, 멸망함. 안동도호부를 평양에 설치함.
	671 당나라의 의정, 불경을 구하러 인도를 여행함.
676 신라가 매초성 전투에서 당나라 군대를 눌리치고 삼국 통일의 대업을 이룸.	676 신라, 삼국을 통일함.
	698 발해를 건국함.